조선통신사 옛길을 따라서 2

이 도서의 국립중앙도서관 출판시도서목록(CIP)은 e-CIP홈페이지(http://nl.go.kr/ecip/)
에서 이용하실 수 있습니다. (CIP 제어번호: CIP2008000234)

조선통신사 옛길을 따라서 2

부산문화재단 엮음

책머리에

산속에서 길을 찾다

조선통신사는 수륙 1만 리를 멀다 하지 않았다. 두 나라 사이에 전쟁 없는 관계를 유지하기 위해서였다. 행로가 힘겹고, 책무가 어깨를 짓눌러도 조선통신사는 오직 에도(江戶)로 향했다.

출발 후 지금까지는 바닷길을 더듬어 작년에는 『조선통신사 옛길을 따라서』를 펴냈다. 이번에는 육로를 따라가는 2편을 펴낸다. 집필자 모두는 폭염 속에서 조선통신사가 산속에서 길을 찾아가는 그날의 그 옛길을 따라가며 그들의 위업을 뼈에 사무치도록 실감했다. 400년의 시공을 뛰어넘어 '고난 없는 평화는 없다'라는 사실을 새삼 일깨워주었기 때문이다.

우리는 새로운 한·일 관계의 정립을 위해 순수한 민간 차원에서 조선통신사 문화 사업을 계속 추진할 것이다. 동아시아에서 함께 번영하는 사이좋은 두 나라가 되게 하기 위하여 지난날의 업적을 찾아내고, 또 현창할 것이다. 우리가 계속 펴내는 '조선통신사 옛길을 따라서'도 그 높은 정신을 계승하고자 하는 사업 가운데 하나다.

우리는 두 나라 간 평화의 시대가 계속되기를 기원한다. 함께 번영하며 세계의 중심에 서기를 염원한다. 그러기 위해서 한·일 두 나라는 더욱 가까워져야 하고, 더욱 활발한 교류가 이어져야 한다. 우리는 그런 일을 자임하며 앞으로도 조선통신사를 매개로 한 교류의 폭을 넓혀갈 것이다.

염천을 무릅쓰고 현장 조사를 한 집필진에게 감사한다. 현지에서 성심껏 안내를 맡아준 연고지 일본 관계자의 친절도 잊지 못한다. 그리고 불황 속에 출판을 맡아준 도서출판 한울의 여러분께도 깊이 감사한다. 한 명이라도 더 많은 독자가 이 책을 읽고 조선통신사를 이해하는 계기가 되었으면 하는 바람이다.

강남주

차례

책머리에   4

제1장 오사카, 바다 끝나자 가마로 바꿔 타다 | 강남주

1. 험한 바다를 건너서   14
2. 비로소 맞는 육지의 낮과 밤   17
3. 호화의 극치, 강상 퍼레이드   21
4. 상륙 계단을 따로 만들고   24
5. 인산인해를 이룬 구경꾼   27
6. 막대한 부의 도시, 오사카   29
7. 400년이 지난 뒤에도 행렬 재현이   31
8. 유교는 가르치고, 고구마 재배는 배우고   34
9. 배는 묶이고 말은 에도로   38
10. 중국 사신보다 인기 낮아   40
11. 병이 깊으니 의사도 손 못쓰고   42
12. 일본을 시끄럽게 한 통신사 피살사건   46

제2장 일본의 천년 고도, 교토 | 김문식

1. 교토와 한국사 54
2. 통신사의 숙박지 58
3. 통신사가 본 일본 천황 61
4. 기요미즈테라의 기품 66
5. 조선인의 귀무덤 69
6. 고려미술관의 통신사 그림 74
7. 쇼코쿠지의 통신사 자료 78
8. 교토를 떠나며 85

제3장 물과 호수의 나라, 오미하치만 | 주진태

1. 비파의 허리에 위치한 작은 마을 88
2. 사행길의 휴식처, 혼간지 하치만 별원 94
3. 일본 내 유일한 통신사 거리, 조선인가도 99
4. 일본의 배꼽, 비와 호 104
5. 정성 가득한 통신사 접대상 109
6. 신용을 중시한 오미 상인의 발상지 113

제4장 성신의 의미 되살린 히코네 | 최화수

1. 통신사의 시흥 자아낸 명승지   120
2. 비와 호와 망호루   123
3. 교토 감시한 요새, 히코네 성   127
4. 시공을 초월한 성곽 마을   130
5. 구로몽과 〈조선고관상〉   134
6. 꽃과 잉어, 사물놀이의 환대   140
7. "서로 속이지 않고 싸우지 않고"   144
8. 옛날에도, 지금에도 최선을 다한다   147

제5장 조센야마에 깃든 통신사의 숨결, 오가키 | 한태문

1. 스리하리 고개의 망호당　　　　　　　　　154
2. 역사의 흐름을 바꾼 세키가하라 전투　　　157
3. 오가키 시 향토관에 전시된 통신사의 흔적　160
4. 오가키와 마쓰오 바쇼　　　　　　　　　　167
5. 오가키 축제 속의 조센야마　　　　　　　　171
6. 다케시마초의 조센야마보존회　　　　　　　176
7. 오가키 성의 천수각을 찾아서　　　　　　　179
8. 통신사의 숙소, 젠쇼지　　　　　　　　　　182
9. 오가키에서의 문화 교류　　　　　　　　　　188
10. 오가키 답사를 접으며　　　　　　　　　　190

제6장 배다리로 강을 건너 이른 나고야 | 최학림

1. 오와리 집안의 나고야　　　　　　　　　　194
2. 강을 건너다　　　　　　　　　　　　　　197
3. 배다리의 장관　　　　　　　　　　　　　　202
4. 나고야에 들어서다　　　　　　　　　　　　206
5. 소가쿠지의 조선통신사 행렬도　　　　　　　209
6. 묘젠지의 나무　　　　　　　　　　　　　　214
7. 나고야의 통신사 숙박지　　　　　　　　　　219
8. 나고야에서의 시문 창화　　　　　　　　　　222
9. 조선통신사의 미래　　　　　　　　　　　　226

이 책에 나오는 탐방지　　　　　　　　　　　230

조선통신사의 길

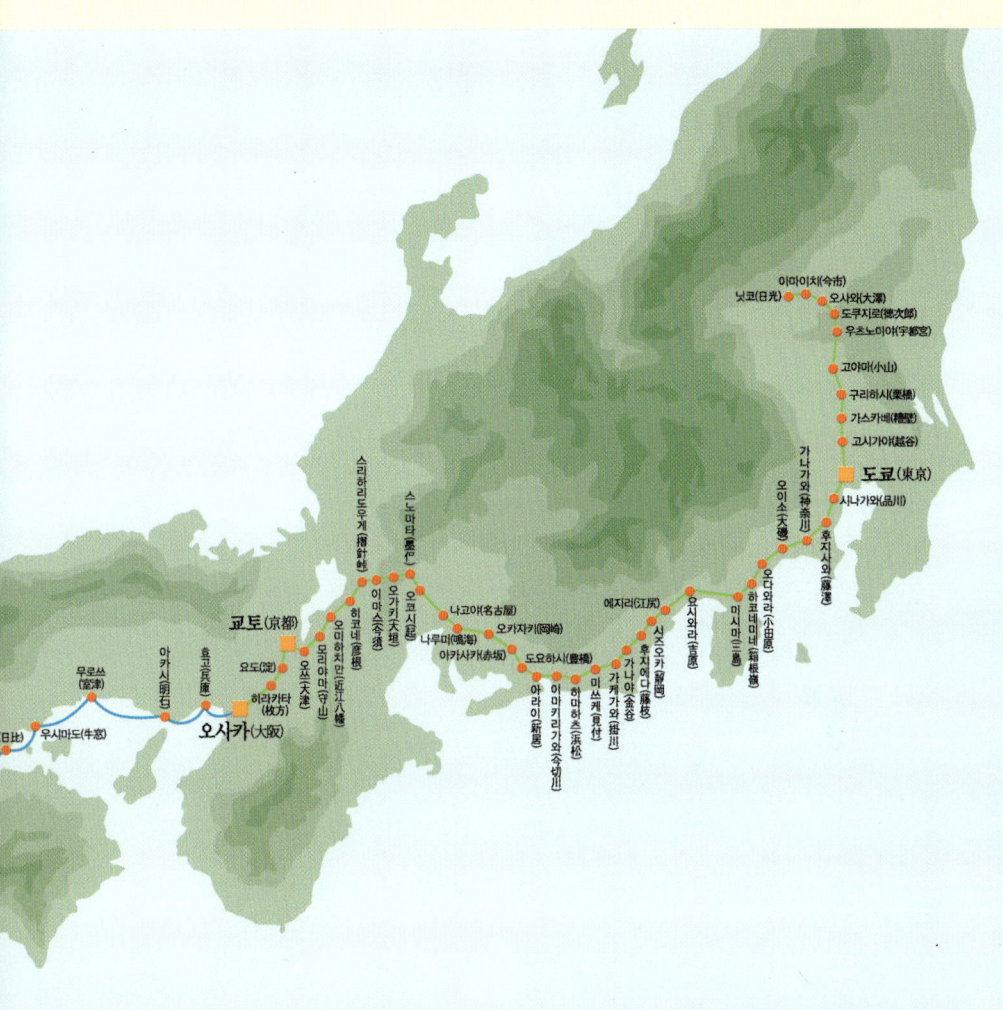

오사카와 교토는 막부의 직할 지역이었다.
뱃길의 조선통신사 접대는 관할 영주가 책임졌지만,
오사카는 막부가 직접 챙겼다.
조선통신사의 식사까지 사전 계획에 의해
완벽하게 준비되었다. 숙소인 혼간지의 뒷문에는
음식 재료를 실어 나르는 달구지가 멈추지 않았다.

제1장

오사카, 바다 끝나자 가마로 바꿔 타다

— 강남주

1. 험한 바다를 건너서

오사카(大阪)로 향하는 조선통신사의 뱃길은 고난의 연속이었다. 기항지에서 바라보는 이국땅의 풍광이 아무리 뛰어나도 한양의 선비에게는 고행의 보상이 될 수 없었다. 최상의 경승지 세토 내해(瀨戶內海), 머무르는 곳마다 현지 영주들이 진수성찬으로 극상의 접대를 다했다. 그렇지만 '농사를 천하의 대본'으로 삼으며 살아온 그들에게 부산에서 오사카에 이르는 바닷길은 지옥길에 버금했다.

악천후라도 만나 멀미를 할 때면 양반 체면은 실로 말이 아니었다. 후려치는 비바람을 피해 외딴섬에 긴급피난을 해야 할 때면 저승이 따로 없었다. 배 밑창에서 물이 샐 때는 판자 한 장을 사이로 이승과 저승을 오가야 했다.

조선통신사 삼사(三使)는 출발에 앞서 임금에게 예를 올리고 한양을 떠났다. 삼사를 제외한 일행 중에는 부산으로 오는 중간에 잠

깐 고향에 들러 부모님께 인사를 하고 오는 이들도 있었다. 바다를 건너갔다 무사히 돌아오지 못한다면 다시는 부모님을 볼 수 없게 된다. 그렇기 때문에 마지막이 될지도 모른다는 비장한 마음으로 부모님을 찾는 것이었다. 출국인사가 마지막 인사가 아니기를 기원하는 착잡한 마음이야 오죽했으랴.

출발 전날 해신제를 지내고 부산항을 떠나는 순간이 그들에게는 고난이 시작되는 순간이었다. 오륙도를 지나면 대한해협의 검푸른 바다는 물결을 일렁이며 이물과 고물에서 배를 흔들었다. 출항의 바다는 늘 이렇게 불안했고 거칠었다. 이른 아침에 부산에서 출항해 배멀미를 하면서 하루 종일 바다를 건너 날이 저물어야 쓰시마 섬(對馬島) 북단에 닿을 수 있었다.

쓰시마에 머무르면서 얼마간 몸을 추스르고 나면 다시 바닷길이 시작되었다. 이키노시마 섬(壹岐島)에 기항했다가 일본 본토의 문 앞에 있는 아이노시마 섬(相島)을 거쳐야 비로소 대한해협의 험한 바다를 어느 정도 건너는 셈이다. 이어 일본 본토의 첫 관문 시모노세키(下關)를 지나면서 경관이 아름다운 세토 내해에서 돛을 펴 올리게 된다. 이렇게 해서 부산을 떠난 뒤 두어 달 남짓해서야 우시마도(牛窓)를 지나 세토 내해의 마지막 기항지 무로쓰(室津)에 이른다.

무로쓰는 예부터 교통의 요충지였다. 일본의 서쪽에 있는 다이묘(大名, 영주)들이 에도(江戶)로 가기 위해서, 또는 에도에서 임지로 되돌아가기 위해서는 대개 이곳을 거쳐야 했다. 그들은 막부의 지시로 에도에서 근무를 했다가 일정 기간이 지나면 영지에서 근무를 하기도 했다. 두 곳을 오가며 번갈아 근무하는 것을 산킨고오다이(參

세토 내해를 지나 오사카로 향하는 조선통신사 선단 | 에도 시대 중기 가노우 탄신(狩野探信)이 그린 병풍 중에서

勤交代)라고 불렀다. 무로쓰는 이런 일로 오가는 영주가 쉬는 히메지 번(姬路藩)의 별관인 다옥(茶屋)도 있었던 곳이다.

무로쓰 주변의 영주들은 조선통신사가 도착할 때가 되면 이에 맞춰 이곳의 별관에 집결했다. 그리고 큰 환영 잔치를 열었다. 세토 내해에서의 마지막 환영 잔치가 되는 셈이다. 이 잔치가 끝나면 오사카를 향해 모두들 마지막 힘을 모아 항해를 하게 된다.

무로쓰는 만(灣)이 발달했고, 간만의 차이는 있었지만, 파도는 비교적 거칠지 않았다. 그 때문에 이곳은 옛날부터 조선소로서도 큰 몫을 했다. 그때의 선박 건조의 전통은 현재까지도 이곳에서 이어지고 있다. 40여 년 전 우리나라 원양어업 초창기에는 이곳에서 저인망 어선을 건조하기도 했다. 우리나라에서 처음으로 북태평양 명태 어업의 길을 튼 부산의 대표적인 수산회사 한성기업도 이곳에 있는 이시가와지마하리마(石川播島磨) 조선소에서 1,500톤급 저인망 어선 제1한성호를 건조했다고 한다.

무로쓰는 그런 항구이기 때문에 세토 내해를 따라 서쪽 시모노세키나 하카다(博多) 쪽으로 가는 배는 여기서 크게 손질을 했다. 동쪽 오사카로 가는 영주들의 배도 여기서 마지막 잔손질을 했다.

2. 비로소 맞는 육지의 낮과 밤

무로쓰를 떠난 조선통신사 선단은 부산에서부터 동행한 쓰시마번(對馬藩)의 안내를 받아 하루 종일 동쪽을 향해 배질을 한다. 효고 현(兵庫縣)의 아카이시(明石)에 잠시 기항했다가 다시 동쪽을 향해 배질을 하면 드디어 바닷길의 종착점 오사카 항에 이른다.

오사카라고 하지만 조선통신사는 과연 정확하게 오사카의 어디서 정박을 하고 하선을 했을까? 현지를 방문해서 정박지를 찾아봤으나 주변은 모두 현대 도시로 바뀌어 배가 닿은 곳이 어딘지, 상륙해 첫발을 내딛은 곳이 어딘지 정확한 지점을 찾아봐야 했다.

우선 오사카 역사박물관을 찾았다. 마침 5월 26일부터 6월 25일까지 '조선통신사 일본 방문 400주년 기념 특별전'이 끝난 지 겨우 한 달이 지난 터라 안내 자료를 손에 넣을 수 있었다. 당시의 오사카 항을 그린 약도가 있어 기항지를 더듬는 좋은 자료가 되었다.

1719년 통신사로 와서 사행록을 가장 자세하게 썼던 제술관 신유한(申維翰)의 『해유록(海遊錄)』과 1624년 부사로 왔던 강홍중(姜弘重)의 『동사록(東槎錄)』, 1764년의 정사 조엄(趙曮)의 일기인 『해사일기(海槎日記)』 등을 근거로 정박지를 재구성해봤다. 선단은 7회인 1682년까지는 덴보쿠치(傳法口)에 정박했다. 지금의 나가쓰가와 강(中津川) 하구에 해당된다. 그 후에는 시리나시가와 강(尻無川) 하구에 정박한 것으로 기록되어 있다. 모두 지금의 오사카 항 남서쪽이다.

조선통신사 선박 6척은 모두 거친 바다를 건너야 하는 배이기 때문에 선창(船倉)도 넓고 깊었다. 이런 배로는 얕은 바다나 강에서는 항해하기 어려웠다. 정박할 때에도 적당한 수심을 확보하지 않으면 안 되었다. 수심이 깊어 도요토미 히데요시(豊臣秀吉) 시대부터 네덜란드 등 서구에서 온 원양선이 정박했던 오사카의 서쪽 항이라야 조선통신사의 선박도 정박할 수 있었다.

이곳 가와구치(川口)에 선박을 정박시킨 뒤 사신들은 얕은 강에서 다닐 수 있는 배로 옮겨 탔다. 숙소인 오사카 시내의 니시혼간

오사카 항 지도

제1장 오사카, 바다 끝나자 가마로 바꿔 타다

지 쓰무라 별원(西本願寺津村別院)으로 가기 위해서 후루가와 강(古川)을 거슬러 올라가야 했던 것이다.

강을 거슬러 올라가는 밑이 얕은 배이기는 해도 조선통신사가 옮겨 탄 배는 결코 초라한 것은 아니었다. 오사카 만에서 오사카 시내와 연결되고 다시 교토(京都) 쪽으로 한참 이어지는 강을 요도가와 강(淀川)이라고 부르는데, 후루가와 강은 그 지류 중 하나였다. 오사카 시내의 숙소를 향해 이런 강을 거슬러 오르다가 배에서 내리는 곳은 나니와 교(難波橋)였다. 여기서 조선통신사 일행은 숙소인 니시혼간지 쓰무라 별원까지 도보로 이동했다. 이곳에서 며칠을 쉬면서 행렬을 재정비하고 본격적인 육로 이동을 시작했다.

통신사가 여기서 머무는 기간은 대략 사나흘에서 길어야 열흘 정도였다. 이 기간 동안 오사카의 문사들은 통신사를 방문해서 필담으로 의사를 소통했고, 유학(儒學)을 논했으며, 글씨를 얻어가기도 했다. 신유한 공은 글씨를 써준다고 밤잠을 설쳤다는 기록도 보인다.

오사카와 교토는 막부의 직할 지역이었다. 뱃길의 조선통신사 접대는 관할 영주가 책임졌지만, 오사카는 막부가 직접 챙겼다. 조선통신사의 식사까지 사전 계획에 의해 완벽하게 준비되었다. 숙소인 혼간지의 뒷문에는 음식 재료를 실어 나르는 달구지가 멈추지 않았다. 준비하는 음식 가운데는 일본 사람은 잘 먹지 않는 양고기 통구이 요리까지 있었다고 한다. 이와 같이 조선통신사를 위해 준비한 별도 요리 때문에 일본과 조선 사이에는 음식문화의 교류도 이루어졌다.

조선통신사는 오사카를 떠나 교토를 거쳐 육로로 에도까지 갔다가 되돌아와서 다시 이곳에서 배를 타야 했다. 그래야만 왔던 길을 되돌아 쓰시마 섬을 거쳐 부산으로 갈 수 있었기 때문이다. 오사카는 육로의 출발점이자 종착점인 셈이었다.

3. 호화의 극치, 강상 퍼레이드

현재에는 지리상으로 교토에 속해 있는 요도(淀)에 이르기 위해 오사카에 도착한 통신사가 바꿔 타는 배는 선창이 얕았다. 수심이 얕은 강을 거슬러 올라가기에 알맞은 배다. 이 배들은 도쿠가와(德川) 막부가 마련한 판선(板船)으로서 호화로움이 극에 달했다.

이 판선 가운데 맨 앞에 가는 배가 국서선(國書船)이다. 정사, 부사, 종사관이 탄 화려한 판선이 뒤를 이었고, 각 번주가 마련한 판선이 나머지 사신을 태우고 뒤따랐다. 막부 장군 측에서 마련한 호화선이 네 척이었고, 나머지는 번주들이 마련한 것이었다. 이 선박들은 금박, 은박으로 장식해 휘황찬란했다. 이렇게 화려한 선박을 가와고자부네(川御座船)라고 불렀다. 기록에는 14척이 동원된 일도 있고(1711년) 9척이 동원된 일도 있다(1719년). 이러한 선박의 퍼레이드는 설명할 것도 없이 대장관을 연출했다.

황금 장식에 2층으로 설계되어 화려하게 건조된 배에는 도쿠가와 가문의 문장(紋章)이 새겨져 있기도 했다. 이 배들 가운데 일부는 영주가 건조해서 막부 장군에게 헌상한 것이었다. 1719년의 정사 홍치중(洪致中)은 배의 화려함에 놀라, "누선의 화려함이 도를 넘

요도가와 강의 가와고자부네

는다. 관백(關白, 막부의 장군)이 타는 배라면 사신으로서는 감히 탄다는 것이 결례다"라면서 승선을 거부했다. 조선통신사를 위해 특별히 마련된 배라는 전후의 설명을 들은 뒤에야 비로소 승선을 했다고 한다.

판선의 뒤에는 수많은 작은 배가 따랐다. 풍악을 울리며 2,000여 명의 인부가 강변 이쪽저쪽에서 밧줄로 배를 끌어당기며 강 상류로 올라가는 모습은 상상만 해도 짐작이 간다. 이때의 모습은 길이 27m, 폭 75cm, 24폭의 병풍에 그려져 지금도 전해지고 있다. 이 병풍은 배에 탄 사람들의 얼굴 표정까지 섬세하게 그려진 걸작으로 평가받고 있다.

조선통신사의 움직임이 화려했음은 정사 조엄이 쓴 『해사일기』의 한 대목에서도 잘 드러나고 있다.

밤중에 도착해서 보니까 바닷가에다 대나무로 난간을 만들고 붉은 융단에 금 병풍을 둘러쳤다. 사신들이 안전하게 움직일 수 있도록 하기 위해서다. 구경꾼이 운집했다.

조선통신사가 불편 없이 강을 따라 올라갈 수 있도록 막부 측은 대략 도착 6개월 전부터 강을 준설했다. 준설한 강을 도사보리가와(土佐掘川)라고 했다. 강을 따라 올라온 일행은 나니와 교에서 내렸지만, 교토로 향할 때도 여기서 판선을 타고 다시 요도까지 올라간다. 나니와 교에서 배를 타고 도착하는 상륙지 후시미(伏見, 지금은 교토의 후시미 구)까지 32km에 이르는 강바닥에서는 동원된 인부들이 통신사 선박을 포함해서 대소 140척의 배를 밧줄로 끌어당겨 올라간다.

이런 모습은 오사카 주민에게는 일생 동안 한두 번밖에 볼 수 없는 대단한 구경거리였다. 판선 위에 앉아서 말차(抹茶)를 마시는 조선통신사의 모습 또한 연도의 구경꾼에게는 그림 같은 선망의 광경이 아닐 수 없었다.

4. 상륙 계단을 따로 만들고

장마철에는 요도가와 강의 수량이 늘었다. 물살도 빨라지기 때문에 배를 끌어당기는 사람의 수를 늘리지 않을 수 없었다. 1682년에는 여기에 동원된 인부가 3,000명에 이르렀다. 이들은 여정이 늦어지지 않도록 하기 위해 통신사가 잠든 밤에도 배를 끌어 새벽에 요도 성(淀城)에 닿게 했다.

요도 성은 도요토미 히데요시가 폐성을 개축해서 애첩인 요도기미(淀君)를 살게 했던 곳이다. 임진왜란의 장본인인 그가 죽은 뒤, 일본인의 밤샘 안내로 조선통신사가 이곳에 이르러 쉴 수 있었으니 역사의 아이러니란 이런 것이 아닌가 싶다. 도요토미 히데요시가 멸망한 뒤에는 에도 막부가 직속 무관을 이곳 요도 성에 파견해서 당시 천황이 살았던 교토를 감시하는 거점으로 삼았다고 한다.

조선통신사가 지장 없이 강을 거슬러 요도에 도착할 수 있도록 매번 깊게 강바닥을 준설했다. 또 뱃길에 댓가지를 꽂아 깊고 얕은 곳을 표시했다. 이 표시를 따라 배가 물길을 찾아 편하게 강을 거슬러 올라갔고, 밤에 요도에 도착하면 전용 돌계단으로 오르는 데

불편이 없도록 주위를 환히 밝히는 불을 걸어두기도 했다. 이 불빛이 물에 반사되어 현란한 모습을 빚었다. 이곳이 요도 교(淀橋) 부근, 통신사 전용 돌계단은 조선인만 쓰는 통로라는 뜻이 들어 있는 도진간기(唐津雁木)라고도 불렀다.

'간기(雁木)'란 원래 비를 피할 수 있는 처마 끝 통로, 또는 특별히 마련한 길이란 뜻이다. 도진간기에서 도진(唐津)은 조선인이 사용하는 나루터 통로를 일컫는 말로 이해할 수 있다. 여기에는 몇 가지 근거가 있다. 이 무렵 일본은 한반도를 포함한 대륙 쪽을 모두 '가라'로 읽었다. '가라'는 한자로는 당(唐)으로 쓴다. 또 한(韓)도 '가라'로 읽었다. '가라'나 '도'는 모두 조선과 같은 의미였던 것이다.

우시마도에서 전승되고 있는 조선통신사 춤을 가라코오도리(唐子踊)라고 부르는데, 이것도 같은 방식으로 해석할 수 있다. 규슈(九州) 남쪽에 가라쿠니다케(韓國岳)라고 부르는 산이 있다. 한국(韓國)을 '가라쿠니'로 읽고 있는 것이다. 조선과 선박 왕래가 빈번했던 규슈 북부의 한 항구도 '가라쓰(唐津)'라고 부르고 있다. 이는 당시 이렇게 한(韓)과 당(唐)을 따로 구분하지 않고 불렀음을 보여주는 좋은 예다. 이렇게 볼 때 '도진간기'는 조선통신사 전용 나루 길의 통로라는 뜻을 가지고 있음이 분명해진다.

그렇다면 구체적으로 오사카에서 도진간기는 어디인가. 조선통신사를 말할 때의 이 '간기'는 배에서 내린 상륙지의 통로란 뜻이다. 히로시마 현(廣島縣)의 시모카마가리(下蒲刈)에는 조선통신사가 상륙했던 간기가 현재도 그 이름 그대로 잘 보존되고 있다. 그러나

가라코오도리

나니와 교

오사카의 도진간기로 추정되는 지역 일대는 이미 매립되고 지형도 변해서 조선통신사의 자취를 찾기가 어려웠다.

지나가는 사람에게 물어봐도 어디가 어딘지 모른다고 손사래를 친다. 향토사학자의 조언을 받아 몇 가지 문헌을 참고하고 연구자들의 조언을 얻어 간신히 밝힌 것이 선착장이 있던 곳이었다. 교토와 오사카를 왕래하는 전차가 서는 요도 역(淀驛) 앞이다. 더 구체적으로는 교토 경마장에서 1km쯤 떨어진 역 앞에 서 있는 전봇대 근처라고 한다.

조선통신사들은 여기서 숙관(宿館)인 니시혼간지 쓰무라 별원으로 향했다. 다만 기록에 따르면 1회 때의 조선통신사는 도요토미 히데요시의 친척 데라자와 마사나리(寺澤政成)의 집에서 머물렀다고 한다. 막부 체제가 아직 확립되기 전의 일이다. 7회 때는 히가시혼간지 나니와 별원(東本願寺難波別院)이 숙소였다.

다른 지역과 마찬가지로 이곳도 조선통신사가 절에 머물 때는 절의 종교행사가 당분간 중지되었다. 승려들도 절을 떠나 다른 곳으로 옮겨야 했다.

5. 인산인해를 이룬 구경꾼

통신사가 숙관에 이르는 길에는 수많은 사람들이 무리로 앉아 행렬을 구경했다. 새벽부터 자리를 잡고 있는 사람이 있는가 하면 잡은 자리를 비싼 값에 팔아넘기는 사람도 있었다. 200년 동안 열두 번, 마지막 열두 번째는 쓰시마 섬까지만 갔으니까 열한 번으로 계산하면 이렇게 큰 행렬이 눈앞을 지나가는 것은 평균 20년 만에 한 번씩 찾아오는 기회였다. 경우에 따라서는 평생 한 번밖에 볼 수 없는 구경이기도 했다.

뱃길도 마찬가지였다. 강을 거슬러 올라가는 진귀한 대행렬을 구경하기 위해 강의 양안에는 사람이 구름처럼 몰려들었다. 작은 배를 마련해서 통신사선을 가깝게 볼 수 있도록 접근하는 재치 있는 사람도 있었다. 돈을 받고 구경꾼을 태워 통신사선 옆까지 갔다가 들켜서 혼이 나는 사람도 있었다. 주먹밥 장사가 등장해서 새벽부터 구경 나온 사람들에게 비싼 값으로 팔았지만 금방 동이 나게 마련이었다.

통신사들은 판선에서 내려 숙소로 향하면서 번창한 오사카의 모습을 보고 은근히 놀란다. 일본 측에서 준비한 가마와 말이 미리 와서 영접에 만반의 준비를 하고 있다가 길을 안내했다. 숙소로 가는 길은 다리가 몇 개나 있었다. 이 다리를 건널 때마다 마중 나온 일본 측 사람들은 행렬이 불편 없이 지나도록 세심한 주의를 기울였다.

정사와 부사, 종사관은 준비되어 있는 가마〔轎子〕를 탔다. 다른 높은 사람들은 현교(懸轎)를 탔으며, 나머지 일부는 말을 탔다. 취타대가 길을 트고 풍악을 높이 울렸으며, 숙소로 향하는 행렬을 보려고 몰려든 구경꾼 때문에 거리는 발 디딜 틈이 없었다.

11회 종사관 서기인 김인겸(金仁謙)은 『일동장유가(日東壯遊歌)』에서 당시의 거리 풍경과 느낌을 다음과 같이 적고 있다.

구경꾼이 양안에 구름처럼 몰렸다. 융단을 깔고 금 병풍을 세우고 많은 여자들이 비좁게 앉았다. 어른은 뒤에 앉고 아이는 앞에 앉았는데, 통신사 행렬보다 더 많은 사람이 모였으나 큰소리 하나 내지 않았다. 아이가 울면 입을 손으로 막아 소리가 나지 않게 했는데, 관중에 대한 엄격한 통제를 알 수 있었다.

위 글에서도 알 수 있는 것처럼 조선통신사 행렬에 대해서는 구경꾼이 조심해야 할 일, 금지하는 일이 있었다. 막부가 내려보낸 관객의 금지 수칙으로 대표적인 것은 첫째, 아이들의 울음소리, 둘째, 큰 소리를 내며 조선통신사를 향해 손가락질하는 일, 셋째, 남녀가 함께 섞여서 구경하는 일 등이었다.

6. 막대한 부의 도시, 오사카

당시 오사카는 대단히 번영한 도시였다. 도쿠가와 막부의 중기 번영기를 맞은 오사카는 호상의 재력이 대단했다. 이들은 일본 중부 지방을 무대로 한 국내의 상업을 통해 부를 쌓았고, 대외 무역을 통해서도 만만찮은 부를 쌓았다. 오사카의 호상들은 돈이 넘치자 문화에도 과감하게 투자했다. 그 때문에 이때를 겐로쿠 문화(元祿文化)를 상징하는 문화의 시기라고 일컫기도 한다.

막부 체제도 안정되고 상인 문화가 급속히 발전하자 오사카 상인들은 점차 일종의 문화 계층이 되어갔다. 이들은 생활에 여유가

번성기의 오사카 | 오사카 역사박물관에 재현되어 있는 당시의 오사카 모습

생기자 학문, 그중에서도 대륙의 학문과 문화에 높은 관심을 보이기 시작했다. 특히 유교로 교양된 조선의 문사들에 대해서는 호기심과 함께 비상한 관심을 갖게 되었다.

오사카 상인 가운데 학문에 관심이 많은 호상들에게 조선통신사는 자연스럽게 동경의 대상이 되었다. 만나서 글을 나누는 것은 그들에게 큰 영광이 아닐 수 없었다. 조선통신사는 이들에게 선진 대륙의 문물을 접촉하고 익힐 기회를 제공했던 것이다. 이렇게 주어지는 절호의 기회를 살리기 위해 이들은 갖가지 방법을 통해 접촉을 시도했다. 조선통신사와의 교류를 통해 지식인으로서의 신분 상승을 꾀할 수 있었기 때문이었다.

통신사가 요도가와 강을 따라 요도 쪽으로 오르면서 보는 강변은 깨끗했고, 제방은 아주 잘 정비되어 있었다. 오사카 호상들은 이때 이미 사회간접자본 형성에도 눈을 돌렸기 때문이었다. 신유한 공이 이런 점을 놓칠 리가 없었다. 건물이 크고 정교하며, 온 동네가 깨끗한 데에는 감탄사가 저절로 흘러나왔다. 연도에 어린이까지 나와 앉아 구경을 하고 있는 모습을 본 신유한 공은 "아깝다. 변화 부귀가 잘못되어 이런 흙으로 빚은 꼭두각시 같은 자에게 돌아가다니……"라면서 한탄을 했다.

공의 무의식 속에 자리 잡고 있는 일본인은 전쟁이나 일으켰던 야만인이었다. 그런 일본인이 이렇게 부를 축적하고 문화생활을 하며 상당한 수준으로 살고 있는 것이 부럽고 못마땅했던 것이다.

7. 400년이 지난 뒤에도 행렬 재현이

오사카에 이른 일행은 배를 떠나 절에서 며칠을 보낼 수 있게 된다. 숙관에서 머무는 사흘에서 열흘은 요도에서 본격적으로 시작될 육지 여행을 위해 몸을 추스르고 다시 장거리 여행을 준비하는 기간이었다. 오사카 시내로 들어와 숙관으로 가던 바로 그 길에서는 요즘도 오사카 시민들이 마련한 국제적인 축제가 해마다 화려하게 열린다. 오사카21세기협회가 주최하는 '미도스지 축제(御堂筋祭り)'가 그것이다.

오사카 최대의 이 행사에는 외국의 문화 예술팀에게도 참가 기회가 주어진다. 조선통신사문화사업회도 2004년 10월 10일에 있었던 이 행사에 참가해 조선통신사 행렬을 재현한 일이 있다. 정사와 부사 등을 합쳐 약 100명이 부산에서 건너가 요도 교에서 니시혼간지에 이르는 폭 44m, 길이 1km의 이 도시의 중심도로를 취타대의 선도에 맞춰 행진했던 것이다. 이 거리가 조선통신사가 지나가던 바로 그 거리였기에 참가자들의 감회는 각별한 것이었다.

조선통신사는 400년 전에 청도기(淸道旗)와 형명기(形名旗) 등 크고 화려한 깃발을 앞세운 채 국서를 받잡고 바로 이 거리를 지났다. 에도로 향하는 행렬이었던 것이다. 이런 사실을 이날 비로소 알게 된 오사카 시민들도 많았다. 이들은 이국풍이 물씬 풍기는 이 역사적인 대행렬의 재현에 비상한 관심을 보였다. 몇백 년 전 조선통신사가 밟고 갔던 바로 그 길 위에서 발자국을 맞추는 듯 멋진 행렬이 재현되었으니 역사의 부활을 보는 시민들이 어찌 환호하지 않을 수 있었겠는가?

물론 이날 행사에는 조선통신사만 참가했던 것은 아니다. 오사카 시의 각종 문화단체를 비롯해 외국인 단체까지 퍼레이드에 참가해 거리에는 온통 축제의 물결이 넘쳤다. 주최 측인 오사카21세기협회는 이날 관객의 공식 집계가 124만에 이르렀다고 밝혔다. 공영방송인 NHK에서도 이 사실을 저녁 뉴스 시간에 그대로 방송했다.

그 역사의 거리, 요도 교와 니시혼간지 사이에는 마천루 같은 건물이 새로 섰지만 길 자체는 바뀌지 않은 채 옛날 그 길이었다. 비록 매립할 곳은 매립하고, 정비할 곳은 정비했으며, 확장할 곳은 확장해 옛날의 모습은 없어지고 지금은 도시의 중심지로서 현대적인 스카이라인을 그리고 있었지만 그 길이 없어지지는 않은 것이다.

매년 오사카 시 중심부인 미도스지 대로에서 열리는 미도스지 퍼레이드

2007년 여름, 조선통신사 옛길 탐방단이 이 거리를 찾았을 때도 거리는 옛날 그 거리 그대로였다. 그러나 대로 양쪽에는 금융기관, 상가, 호텔 등 고층빌딩이 즐비하게 들어서서 400년 전의 원형을 확인할 수 있는 것은 아무것도 없었다. 거리를 확인하고 난 뒤 부산에서 함께 온 탐방단 몇 명과 기사텐(喫茶店)에서 차를 마시며 그때의 조선통신사가 갖는 역사적 의미에 대해서 한참 의견을 나누었다.

오사카21세기협회는 그다음 해에도 조선통신사문화사업회가 미도스지 축제에 참가하도록 초청했으나 예산과 일정 등의 문제로 참가할 수 없었다. 두 나라 국민이 조선통신사를 조금이라도 더 이해할 수 있는 기회를 놓친다는 것은 참으로 아쉬운 일이었다.

8. 유교는 가르치고, 고구마 재배는 배우고

조선통신사가 가는 곳마다 환대를 받았음은 이미 앞에서 몇 번이나 말한 바와 같다. 오사카에서도 마찬가지였다. 1655년의 기록만 잠시 살펴봐도, 막부의 직속 무사이며 행정 치안 책임자인 마치부교(町奉行)가 조선통신사가 도착하기 6개월 전 니시혼간지 쓰무라 별원 주지에게 조선통신사 영접을 준비하라고 지시했다. 도착 두 달 전에는 막부에서 파견된 접대역이 직접 현장 지휘를 하면서 절 주변에 무사를 배치하고 경비 태세에 돌입했다.

'조선통신사 옛길을 따라서' 탐방단은 절 내부를 확인하고 싶었

오사카의 니시혼간지 쓰무라 별원

다. 정사와 부사, 종사관의 숙소를 비롯해서 당시 400명이나 되었던 통신사들이 어디서 무엇을 했을까를 눈으로라도 가늠하고 싶었다. 이참에 쓰시마 번 안내자들과 오사카 접대원들이 있었던 곳도 보고 싶어 절을 찾았다. 지하철 요쓰바시 역(四橋驛)에서 두 구간을 지나 혼초(本町)에서 걸어서 5분이면 니시혼간지에 이른다.

절 건물의 아래층은 상업용으로 쓰고, 본체는 덩실하게 높다. 간판에는 '정토종 혼간지 파 쓰무라 별원(淨土宗本願寺派津村別院)'이라고 적혀 있다. 규모는 상당하지만 조선통신사 일행이 모두 들어가기에는 공간이 부족한 것 같았다. 종일 음식 재료를 실어 날랐다는 뒷문도 어딘지 알 수가 없었다. 그도 그럴 것이 이 니시혼간지는 그동안 화재를 몇 차례 겪었으며, 제2차 세계대전 때에는 완전히 소

조선통신사가 일본에 전한 선물

실되었다고 한다. 그것을 1963년에 새로 지었기 때문에 절의 옛 모습은 찾을 수 없게 된 것이다.

통신사가 절에 머물 때에도 글을 써달라는 사람이 줄을 섰다. 글만 써달라는 것이 아니라 전국 각 지방에서 온 사람들이 면담을 요청했는데, 심지어는 홋카이도(北海道), 야마가타(山形) 등 먼 곳에서 온 사람도 있었다.

절에 머물며 방문객과 문화 교류를 했던 통신사 일행은 떠나기 전에는 그동안 신세를 진 절에 백미, 소나무 기름덩이, 부채, 붓 등을 시주했다. 그리고 에도를 향해 육로로 떠났다. 9월에 에도로 향했다가 날씨가 쌀쌀해지기 시작한 11월에 니시혼간지로 되돌아왔을 때는 막부에서 475명 전원에게 이불을 선물하기도 했다. 육로는 끝나고 이제부터는 되돌아가는 해로가 시작되기 때문에 추운 바닷바람에 대비한 것이었다.

조선통신사는 일본 사람들에게 글씨를 전하면서 곁들여 유교 문화를 전하기도 했다. 그러나 일본에서 배워온 것도 만만치 않게 중요했다. 1764년의 정사 조엄은 요도에서 물레방아를 처음 보았다.

마쓰시마 공원의 조선통신사 기념비

물을 끌어올리는 물레방아는 우리 농사에도 매우 필요한 기술이기에 일행에게 물레방아 기술을 익혀 가도록 한 것이다. 이는 쓰시마에서 고구마 재배법을 배운 것과 함께 우리 농업의 발전을 위해 조선통신사가 일본에서 얻은 큰 소득이었다.

조선통신사는 오사카에 흔적을 여럿 남겼다. 좋은 일도 있었고 대단히 좋지 않은 일도 있었다. 그만큼 인연이 깊은 곳이기에 이 도시의 마쓰시마 공원(松島公園) 한쪽에는 조선통신사 기념비가 서 있다. 이 기념비는 1992년 인근 지쿠린지(竹林寺) 주지가 세운 것이다. 마쓰시마 공원 앞 버스 정류장에서 보면 누구나 볼 수 있도록 길가에 서 있다. 조선통신사와 오사카의 학자, 문인과의 교류 사실이 소개되어 있으며, 지쿠린지 주지가 지은 노랫말도 함께 새겨져 있다.

9. 배는 묶이고 말은 에도로

조선통신사가 요도의 영빈관을 떠나 교토로 향할 때는 국서 가마가 앞서고 가마를 탄 삼사가 뒤따랐다. 그 밖의 중요 인물은 말을 이용했고 나머지 사람은 걸어서 갔다. 1719년에는 황당한 일이 있었다. 일행이 교토로 떠나기 전날 모두가 잠자리에 들었다가 이튿날 아침에 깨어나보니 대기하고 있던 말의 숫자가 맞지 않았던 것이다. 말에 맞춰 사람도 움직이고 짐도 운반할 계획이었는데, 말이 여러 마리 사라져 짐을 실어 나르기가 어렵게 되고 말았다.

조선통신사 행렬에 쓰이는 말은 대개 도착 5개월 전부터 정해졌다. 마부도 정해져 함께 사전 준비를 끝내고 조선통신사가 출발할 때면 미리 대기하고 있어야 했다. 그런데 이날 새벽에는 마부마저 말과 함께 사라지는 희한한 일이 생긴 것이다. 모두 811필의 말과 834명의 마부가 넉넉히 대기하게 되어 있었지만 막상 출발하려고 보니까 뜻밖에 말도 마부도 숫자가 모자랐다. 통신사의 짐은 말할 것도 없고 안내를 맡은 일본인의 짐도 운반하기 어렵게 되었다.

일이 이렇게 된 것은 쓰시마에서부터 수행해온 일본인들의 소행 때문이었다. 이들은 새벽닭이 울기 전 자신들이 짊어지고 갈 짐을 말에다 실어 먼저 보내고 난 뒤, 그 말을 되돌아오게 해서 뒤에 한 번 더 말을 이용하려고 했던 것이다. 이런 잔꾀를 눈치 챈 마주가 교토에서 자기 말을 되돌려 보내주지 않아 이런 사단이 난 것이다.

통신사를 위해 마련한 말을 이중으로 부리려다 들통이 나고, 이 때문에 출발이 늦어진 것은 예삿일이 아니었다. 쓰시마에서 온 수행원들은 이 일이 발각되면 생명이 위험하니 눈감아달라고 통신사 측에 싹싹 빌었다. 할 수 없이 짐을 일부 남겨둔 채 출발하기는 했지만, 이 바람에 일행은 밤늦게 교토에 도착할 수밖에 없었다. 또 짐을 남겨두고 온 사신들은 이틀 동안 옷을 제대로 갈아입지 못하는 어려움을 겪은 에피소드도 있었다.

오사카에 도착한 통신사들이 육로로 먼 길을 떠난 뒤 그들이 타고 온 배는 어디다 매어두고 어떻게 관리했을까? 취타대의 소리에 맞춰 화려한 행렬이 육지로 떠나고 나면 100명 정도의 선원은 꼼짝없이 남아서 배를 지켜야 했다. 이들은 사신들이 다시 이곳으로 돌아오는 사이를 이용해서 배를 손질했고, 경비도 도맡았다. 배를 지켜야 했던 이들에게 주어진 보급품은 니시혼간지에 든 사신들이 받았던 것에 비할 바가 못 되었다.

1636년의 경우 조선통신사 접대에 필요한 하루치 식품 품목은 대단했다. 백미가 열 섬, 된장이 석 섬 다섯 말, 식초가 열 말, 소금이 두 가마, 술이 여섯 섬, 양초가 100자루, 생선·야채·과자·고기 등이 다수, 여기에 요리를 위한 장작과 석탄을 합치면 그 양이 실로 어마어마했다. 사신을 위해 육고기를 다룰 포정(庖丁)이 일본 요리사와는 별도로 요리를 하기도 했다.

하지만 배 안에서 생활해야 했던 선원에게 지급되었던 보급품은 이에 비해 크게 빈약했다. 그냥 배고프지 않게 끼니를 마련해준 정도였다. 배에서 머물러야 했던 이들 하급 선원에게는 육지를 배회하는 것은 말할 것도 없고 상륙 자체가 금지되었다. 그렇기 때문에 이들에게 일본인과의 만남이나 교류는 있을 수 없는 일이었다. 물론 식료품은 막부에서 공급해주었기에 훌륭한 식사는 아니었지만 배가 크게 고프지는 않았다. 그러나 이들은 일상을 감시당해야 했으며, 이와 같은 준감금 생활은 에도를 방문한 통신사 일행이 오사카로 돌아올 때까지 계속되었다. 줄잡아 2~3개월 정도는 그런 생활을 해야 했던 것이다.

통신사의 화려한 행렬의 그늘에는 이처럼 하급 선원들의 말할 수 없는 지루함이 있었다. 이들에게는 장기간의 억류 아닌 억류 생활의 고독함까지도 감당해야 할 과업이었던 것이다.

10. 중국 사신보다 인기 낮아

중국으로 가는 연행사(燕行使)에 비해 일본으로 가는 통신사는 인기가 덜한 편이었다. 가장 큰 이유는 위험도가 높은 것이었다. 몇 개월씩 험한 바다를 건너 오가는 통신사에게 해난사고가 없을 리 없었다. 육지와 사뭇 다른 환경의 해상 생활 때문에 질병에 시달리는 사람도 있었고, 서로 다투는 경우도 허다했다. 1748년의 경우는 배에서 불이 나는 바람에 선원 세 명이 목숨을 잃기도 했다. 뱃바닥이 갈라지기도 했고, 풍랑에 배가 대파되는 경우도 있었다.

수익이 중국 연행사에 비해 상대적으로 낮다는 점도 인기가 낮은 커다란 요인이었다. 중국에 가는 경우 인삼을 가져가 큰 몫의 이익을 남겼고, 거기서 구해오는 서책이나 상품이 짭짤한 이익을 안겨주었다. 물론 인삼은 일본에서도 인기가 있었고, 일본인들이 조선의 서책에 비상한 관심을 가진 것도 사실이었다. 그러나 이런 것들을 처리하기 위해서는 대부분 길 안내를 맡은 쓰시마 인의 손을 빌려야 했다. 그런 경우 이익의 분배에 말썽이 잦았고, 수행원에 대한 상행위도 엄격하게 통제되었기 때문에 수익을 노리기는 힘들었던 것이다.

중국에 가는 경우는 왕래에 위험부담도 적었고, 가며 오며 물건을 팔아 돈을 모을 수 있었기 때문에 아무래도 상대적으로 인기가 높을 수밖에 없었다. 그렇다고 해서 일본이 맹탕이었던 것은 물론 아니었다.

당시 일본에서 허준의 『동의보감』과 같은 책은 인기가 대단히 높았다. 1682년 사행 때에는 숙종이 의술은 인술이니까 일본인들을 의술로 많이 도와주라고 지시하면서 내과, 외과, 잡과, 약과(탕액), 침구과의 국내 제1급 의사를 보내기도 했다. 이들과 주고받은 의학 문답이나 의서는 당시 일본인에게는 질병 치료의 금과옥조가 되었다.

조선통신사가 오사카에 상륙하면 매번 일본의 의원들이 숙관으로 찾아왔다. 그들은 의학 문답을 통해 질병의 치료법은 물론 약초

재배법까지 익히려고 애썼다. 이는 오사카뿐 아니라 조선통신사가 머무는 곳이라면 어디든지 있었던 일이었다. 1636년의 문답 기록이 좋은 예이다.

조선통신사가 가져오는 인삼은 당시 일본인에게 매우 인기가 높은 물건이었다. 없어서 못 파는 지경이었지만, 쓰시마 안내원들의 농간 때문에 가끔 말썽이 생기기도 했다. 그러나 일부 품목을 제외하고 일본에서 돈을 만질 수 있는 것은 그다지 많지 않았다. 호랑이 가죽과 같은 것은 선물용으로 양이 제한되어 있기 때문에 마음 놓고 거래할 수 있는 물목은 아니었다.

11. 병이 깊으니 의사도 손 못쓰고

조선통신사 사행길은 여행 기간이 길고 환경이 좋지 않아 환자도 자주 발생했다. 고급 의료진이 동행했지만, 특히 병이 우심한 사람에게는 속수무책이었다.

1764년 사행 때에는 소동(小童)인 김한중(金漢重)이 중병에 걸렸다. 그는 오사카 도착 전에 이미 병이 심해져서 오사카에서는 일행과 함께 상륙하지도 못하고 배에 머물렀다. 그러다 병세가 더욱 깊어지자 요양을 겸해서 선박 계류지와 가까운 곳에 있는 절 지쿠린지로 옮겼다. 절에서는 정성을 들여 간호했으나 그는 끝내 병을 이기지 못하고 숨지고 말았다. 그때 그의 나이 22살이었다.

그는 숨지기 전 고향에 두고 온 두 아들이 그리워 눈물을 흘리곤

김한중의 비가 있는 지쿠린지

했다. 이를 가엾게 여긴 절의 주지가 김한중의 아이들과 나이가 비슷한 두 아이를 동네에서 데려와 김한중과 함께 놀면서 그를 위로하고 그리움을 달래도록 했으나 모두 허사였다. 봄이라기에는 아직 바람이 차가운 그해 2월 10일, 그는 고향을 그리는 절시(絶詩) 한 편을 남기고 눈을 감았다.

이 봄은 일본의 과객이지만	今春倭國客
지난해에는 정녕 한국인이었네	去年韓人中
뜬세상 어디 머물 곳 없나니	浮世何定處
봄이 오면 고향에 돌아갈 수 있으랴	可歸古地春

김한중의 묘비

이 시는 지쿠린지 뒷마당 한쪽에 있는 비석에 음각되어 있었다. 우리를 비석 있는 곳으로 안내한 호사카 쇼쇼(保阪正昭) 주지에 따르면 김한중의 시신은 방부 처리되어 고향인 부산으로 옮겨졌다고 한다. 이 절에서는 지금도 매년 2월 10일, 김한중의 영혼을 달래는 법요식을 갖고 있는 말도 덧붙였다.

소동은 그 명칭에서 알 수 있듯 대부분 나이 어린 사람이었다. 머리를 길게 길러 뒤로 내려뜨리고 부채를 든 채 말을 타고 가는 소동의 그림을 보면 나이 어린 여자 같기도 하다. 그렇다면 김한중의 나이 22살이었으니 소동으로서는 나이가 많은 편이 아닌가? 사실 나이가 많은 편이었다. 당시 정사였던 조엄의 『해사일기』는 소동에 대한 궁금증을 풀어주고 있다.

조엄은 동래 부사, 경상도 관찰사를 지낸 일이 있다. 김한중의 주소가 동래 초량인 것을 보면 정사가 직접 발탁했다고 보아도 무리가 없을 것 같다. 통신사 일행은 삼사·통역관·제술관·상관·차관·중관·하관 등으로 구성되는데, 소동은 중관에 분속되어 신분이 비교적 낮은 편이다. 나이도 15~16세쯤이 가장 많았지만, 그 이상도 그 이하도 없지는 않았다. 한 행차에는 15~16명 정도의 소동이 수행을 했다.

『해사일기』를 보면 소동은 통인(通引)으로 되어 있는데, 통인

말을 탄 소동이 일본인에게
글을 써주고 있는 모습

은 지방 관청에 소속된 이속(吏屬)이다. 하는 일이란 지방 수령의 측근에서 시중을 들거나 잔심부름을 하는 정도다. 그러나 조선통신사 사행에 따라나서는 소동은 잔심부름뿐 아니라 때로는 사행의 지루함을 달래기 위해 춤도 추었고, 또 때로는 휘호(揮毫)로 일본인의 사

랑을 받기도 했다.

현재 우시마도에서 전승되고 있는 가라코오도리도 소동의 춤에서 영향을 받아 토착화된 것으로 해석되고 있다. 『해유록』을 보면 "악사에게 북과 피리를 연주하게 하고 두 명의 소동이 대무(對舞)를 했다"라고 나오는데, 가라코오도리도 두 명의 나이 어린 사람이 등장해서 대무 형식의 춤을 춘다. 그것을 소동 춤의 전승, 재현이라고 보는 것이다. 지금까지 가라코오도리의 기원에 대해 다소 궁금증이 있었으나 최근 소동 춤의 영향이라는 설이 정설로 굳어지고 있는 상황이다.

소동은 비록 신분은 낮았으나 학식은 상당했다. 조선통신사 행렬을 그린 그림을 보면 소동은 말을 탄 채 주민이 내미는 종이에 글을 써주기도 한다. 무식해서는 소동이 될 수 없었다. 김한중의 절시 역시 운명을 예감하면서 쓴 한시로서 당시 소동의 수준이 어느 정도인지를 보여주는 예가 된다.

12. 일본을 시끄럽게 한 통신사 피살사건

김한중의 경우는 사고사가 아니라 병사였다. 그러나 김한중이 병사한 그해에는 살인사건에 의해 통신사가 사망하는 불행도 겹쳤다. 일본인 안내원까지 합쳐 한꺼번에 2,000~3,000명이 움직이니까 인사사고도 없을 수는 없었겠지만 이 해는 유독 심했다.

사고의 시작은 선장인 유진원이 항해 중 배 밑창 곳간에 떨어져 목숨을 잃은 것에서 비롯되었다. 이어서 군관에 해당되는 격군 이광하는 정신질환을 일으켜 제 목을 제가 찔러 숨졌다. 그러나 가장 끔찍한 사고는 도훈도(都訓導, 사행의 길을 열고 지휘하는 무관)인 최천종(崔天宗)이 에도에서 돌아오는 길에 오사카의 숙소에서 일본인 안내원의 칼에 찔려 피살된 사건이었다.

통신사 일행은 에도에서 국서를 교환하는 등 외교적인 의전행사를 끝내고 귀국을 위해 육로로 오사카에 도착했다. 출발할 때 숙소로 이용했던 니시혼간지에 도착한 것은 1764년 4월 7일. 정사 조엄이 새벽에 잠자리에서 최천종이 피습되었다는 보고를 받았다. 즉시 군관과 의관을 현장으로 보내 긴급 처치를 하도록 명했다.

그러나 현장을 살펴보고 온 목격자의 보고는 절망적이었다. 최천종이 피가 흥건하게 젖은 목을 감싸안고 숨을 헐떡거리고 있다는 것이었다. 그 와중에도 최천종은 사건의 정황을 다음과 같이 설명했다.

하루 일과를 모두 정리한 뒤 닭이 우는 소리를 듣고 잠자리에 들었다. 잠에 깊이 빠졌을 때 가슴이 답답해 눈을 떴더니 어떤 놈이 가슴에 걸터앉아 칼로 목을 찔렀다. 고함을 지르면서 목에서 칼을 뽑고 일어나 범인을 잡으려 하자 범인은 재빨리 달아났는데, 불빛에 비친 범인은 일본인이었다. 나는 일본인과 원한도 없고 다툰 일도 없다. 나를 찔러 죽이려 한 까닭을 모르겠다. 까닭도 모르고 죽으려니 너무 억울하다.

약을 달여 먹이고 출혈을 막으려 했으나 해가 뜰 무렵 최천종은 숨을 거두고 말았다. 범인 체포를 위해 물증을 찾았는데, 현장에는 '어영(魚永)'이라는 글자가 새겨진 칼이 발견되었다. 이런 글자가 새겨진 칼은 일본 것이다. 또 범인이 달아날 때 최천종이 지른 고함 소리에 잠에서 깬 사람들이 목격한 범인의 모습도 일본인이 분명했다.

정사 조엄은 이 사실을 일본 측에 통고하고 범인 체포를 요구했다. 호위를 맡은 쓰시마 측은 오사카 관청에 범인 체포를 의뢰했다. 오사카 측은 쓰시마가 호위를 책임졌으니까 쓰시마가 범인을 검거하는 데까지 검거하고 끝내 범인을 잡지 못할 경우 협조하겠다고 밝혔다.

쓰시마는 범인 색출을 위해 군사 2,000명과 600척의 선박을 동원해 육상과 해상에 경계망을 펴고 범인 색출에 나섰다. 범인의 인상착의는 얼굴색이 희고 키는 5척 3촌 정도, 나이는 26세 가량이라는 것도 밝혀졌다. 이와 같은 자료를 근거로 최천종 주변에서 근무한 일본인을 전부 소집했는데, 수상하게도 역관인 스즈키 덴조(鈴木傳藏)만 나타나지 않았다. 그는 자신에게 혐의가 좁혀지자 범인 자백서를 보내고 도망쳤다. 니시혼간지를 빠져나가 오사카를 벗어나던 그는 이내 잡히고 말았다.

니시혼간지에서 심문을 받은 스즈키 덴조는 범행 모두를 자백했다. 조선 역관과 군관들이 지켜보는 가운데 5월 2일 그는 사형을 당했다. 정사 조엄은 부하 김광호를 시켜 최천종을 장사 지내고 범인을 잡았다고 고함으로써 그의 영혼이라도 위로하라고 지시했다. 조선통신사 최초의 국제 살인사건은 이렇게 매듭이 지어졌다.

이 사건이 왜 일어났는가. 그 원인에 대해서 명쾌하게 의문이 풀리지는 않았다. 범인 스즈키 덴조는 최천종이 거울을 잃어버리자 자신을 범인으로 지목하고 사람들이 보는 앞에서 채찍질을 하여 앙갚음을 하기 위해 살해했다고 진술했다. 그러나 이런 진술은 신빙성이 낮다고 보는 쪽이 많았다. 거울 하나가 없어졌다고 사람들이 보는 앞에서 채찍질을 하면서 용의자를 다그칠 정도는 아니었기 때문이다.

다른 견해는 인삼과 관계된 것이다. 정사, 부사, 종사관 등 고위직은 인삼을 정해진 양만큼만 가지고 갈 수 있었다. 그러나 중관이나 하관은 정량 외의 인삼을 더 숨겨 가져오는 일이 흔했다. 그 정량 이상의 인삼은 주로 안내를 도맡은 쓰시마 인이 일본인을 상대로 팔았다. 그 값을 나눠 갖다가 나누는 몫 때문에 시비가 생기는 일이 종종 있었다. 이 사건도 그런 이유에서 발생했다고 보는 쪽이 많았다.

통신사 일행 중 무관이 피살된 이 특이한 사건은 끝내 원인이 명확히 밝혀지지 않았다. 그러나 희대의 이 국제 살인사건은 뒤에 일본의 전통극인 '가부키'로 극화되어 공연되는 등 일반인의 문학적 소재가 되기도 했다.

오사카는 바다와 육지의 갈림길이다. 장거리 여행에서 환경이 급격하게 바뀌는 곳이어서 좋은 의미든 좋지 않은 의미든 조선통신사와 관계된 이야기가 많았던 곳이었다.

참고자료 1 통신사 주요 구성원의 명칭과 역할

관급	직책	인원	역할
삼사	정사	1	행렬에서 가장 높은 관리로 사절단의 총책임자
	부사	1	정사를 수행하면서 보좌하고 사무를 돕는 사람
	종사관	1	매일 일어나는 일을 기록하여 돌아온 뒤 국왕에게 보고하고 사신 일행의 불법행위를 단속하는 사람
상상관	당상왜학역관	3	당상관인 역관으로 높은 지위의 통역 관리
상관	상통사	3	통역을 하기도 하고 사신 일행이 가져가는 책이나 약재 등의 관리를 담당하는 사람
	제술관	1	글 쓰는 능력이 뛰어난 사람 중 선발되어 사행 시 글로 대화하거나 창으로 시를 주고 받는 사람
	양의	1	사절단의 주치의이자 의학 분야 교류 담당자
	차상통사	2	통역을 담당하는 사람
	압물관	4	예물과 교역품을 관리하며, 교역 때 통역을 담당하는 사람
	사자관	2	글씨를 잘 써서 문서를 정확하게 필사하는 역할을 담당하는 사람
	의원	2	사절단의 주치의
	화원	1	그림을 그리는 사람
	자제군관	5	정사나 부사의 아들이나 친척
	군관	12	사행단을 호위하거나 군사를 지휘하는 사람
	서기	3	기록을 담당하는 사람
	별파진	2	화기를 다루는 병사
차관	마상재	2	말을 타고 기예를 하는 사람
	전악	2	음악에 관한 일을 담당하는 사람
	이마	1	말을 다루거나 돌보는 사람
	반당	3	사신이 자비로 데려가는 종자(從子)
	선장	3	정사, 부사, 종사관을 태운 기선 세 척의 항해를 담당하는 사람
중관	복선장	3	사신이 가지고 가는 짐을 실은 복선 세 척의 항해를 담당하는 사람
	배소동	19	일본 문화를 잘 알아 사절단이 교류하는 장소에서 통역과 사무 처리를 돕는 아이

관급	직책	인원	역할
중관	노자	52	여러 가지 잔심부름을 담당하는 사람
	소통사	10	일본어를 공부하는 학생으로 간단한 통역을 담당하는 사람
	도훈도	3	일본 문화를 잘 알아 통역과 사무 처리를 담당하는 사람
	예단직	1	예물을 관리하는 사람
	청직	3	문 밖에서 심부름을 위해 대기하는 청지기
	반전직	3	예물 중 포목을 관리하는 사람
	사령	18	하급 병사
	취수	18	군중에서 나팔, 호적, 대각 등을 부는 사람
	절월봉지	4	절(왕의 명령을 받은 것을 의미하는 기)과 부월(생사여탈권을 상징하는 도끼)을 들고 행진하는 사람
	포수	6	포를 쏘는 사람
	도척	7	요리사
	사공	24	선원
	형명수	2	형명(刑名)이라는 깃발을 들고 가는 병사
	독수	2	쇠꼬리, 꿩꼬리로 장식된 군 의장기를 들고 가는 사람
	월도수	4	반달 모양의 칼을 들고 행진하는 사람
	순시기수	6	순시(巡視)기를 들고 행진하는 사람
	영기수	6	영(令)기를 들고 행진하는 사람
	청도기수	6	길을 맑게 하는 의미의 청도(淸道)기를 들고 행진하는 사람
	삼지창수	6	삼지창을 들고 행진하는 사람
	장창수	6	길이 4m 정도의 긴 창을 가진 사람
	마상고수	6	말 위에서 북을 치는 사람
	동고수	6	꽹과리를 치는 사람
	대고수	3	큰북을 치는 사람
	삼혈총수	3	삼혈총을 가지고 무장한 사람
	세악수	3	장구, 북, 피리, 깡깡이 등으로 구성된 소규모의 군악대원
	쟁수	3	징을 치는 사람
하관	풍악수	18	행렬 시 악기를 연주하는 사람
	도우장	1	고기 음식을 장만하기 위해 소를 잡는 사람
	격군	270	배에 짐을 싣거나 뱃사공을 돕는 사람

자료: 김건서(金健瑞), 『증정교린지(增正交隣志)』(1802) 참조.

일본인이 자랑하는 역사와 문화의 도시 교토.
필자는 이번 여행을 통해 교토의 역사가
한국사와 밀접하게 연결되어 있음을
다시 한 번 발견했다.
교토의 역사는 고대에 한반도에서 건너온
도래인과 함께 시작되었고,
천 년의 역사를 이어 현재까지 교류가 계속되고 있다.

제 2 장

― 김문식

일본의 천년 고도,

교토

1. 교토와 한국사

한국인에게 경주가 천년 고도(古都)라면 교토(京都)는 일본의 천년 고도라 할 수 있다. 교토는 794년에 헤이안쿄(平安京)가 건설된 이후 가마쿠라(鎌倉) 막부, 무로마치(室町) 막부를 거쳐 도쿠가와(德川) 막부가 끝나는 1867년에 이르기까지 일본의 수도였기 때문이다. 1868년 메이지유신(明治維新)으로 천황이 쇼군(將軍)에게 빼앗겼던 권력을 회복하고 1869년에 거주지를 도쿄(東京)로 옮기면서, 교토는 수도로서의 지위를 상실했다. 그러나 수도라는 의미의 '교토(京都)'와 교토의 동쪽에 있는 수도라는 뜻의 '도쿄(東京)'에서 보듯, 교토는 지금까지도 일본의 문화·교육·산업의 중심 도시로서 그 위상을 유지하고 있다. 현재 교토에는 부청(府廳)이 설치되어 교토 시를 비롯한 24개 행정 단위를 관할하고 있는데, 교토 시의 인구만 150만 명에 이른다.

교토 중심가의 야경

1636년에 교토를 방문한 김세렴(金世濂)은 교토 역사의 시작을 다음과 같이 말했다.

간무(桓武) 천황 12년 계유년(793년)에 대납언(代納言) 후지오구로(藤小黑) 등에게 명하여 야마시로 군(山城郡) 우다무라(宇多村)의 터를 살펴보게 했다. 이곳은 나라 안에서 가장 기름진 땅인데, 큰 산이 삼면을 에워싸고 큰 강이 앞을 지나가며 마루야마 산(圓山)이 강가에 솟아 있다. 좌우의 두 산이 이지러진 곳이 성의 모습과 같아 야마시로 주(山城州)라고 하는데, 13년(794년)에 나가오카(長岡)에서 도읍을 옮기니 지금의 교토이다.

일본의 천년 고도인 교토는 고대사부터 한국사와 인연을 맺었다. 교토 분지가 본격적으로 개발된 것은 야마토(大和) 정권 때였는데, 5~6세기경 한반도에서 건너온 도래인들이 이곳에 정착하면서 수많은 사찰과 신사(神社)를 조성했다. 특히 현재의 교토 시 지역은 신라 계통의 도래인 하타 씨(秦氏)가 개척했는데, 하타 씨가 농경·토목·양잠·직조 등의 고급 기술을 전해주어 교토에 새로운 문화가 꽃필 수 있었다고 한다.

이후 일본은 고구려, 백제, 신라, 가야와 외교관계를 맺었고, 삼국이 통일된 이후에는 통일신라, 발해와 교류했다. 신라는 7~8세기에 47회에 걸쳐 일본으로 사절단을 파견했고, 발해는 8~10세기에 34회의 사절단을 파견한 것으로 알려져 있다. 이에 대응하여 일본의 사절단이 신라나 발해로 파견되었음은 물론이다. 교토에 수도를 마련한 헤이안(平安) 시대에는 발해와의 외교관계가 계속되었는데, 교토 시모교 구(下京區)에 있는 고로칸(鴻臚館)은 발해의 사신을 맞이했던 영빈관 건물이다.

한·일 간의 교류는 고려시대에 소강상태로 들어갔다가 조선시대가 되면서 다시 활성화되었다. 조선 전기에 파견된 통신사의 종착지는 교토였다. 중앙 권력을 장악한 무로마치 막부가 교토에 있었기 때문이다. 이후 도요토미 히데요시(豊臣秀吉)가 일본의 전국시대(戰國時代)를 종식시키고 집권한 중심지도 교토였다. 1590년에 도요토미가 장악한 일본의 정세를 탐색하기 위해 파견된 황윤길(黃允吉)과 김성일(金誠一)이 도요토미를 만나거나 1607년에 통신사 일행이 새로 집권한 도쿠가와 이에야스(德川家康)를 만난 곳도 여기였다. 이

교토 시청의 표지석 | 13개 국어로 표시되었고 한글도 보인다.

후 도쿠가와 막부의 중심지가 도쿄로 옮겨가면서 통신사의 종착지도 도쿄로 바뀌었지만, 오사카에서 육지에 오른 통신사는 반드시 교토를 거쳐 도쿄로 나아갔다.

19세기 후반 조선 정부가 개항을 하면서 교토에는 조선의 외교관과 유학생이 방문했다. 1881년에는 일본에 파견된 신사유람단(紳士遊覽團) 일행이 교토에서 머물렀고, 1882년에 수신사로 파견된 박영효(朴泳孝)는 기차를 타고 고베(神戶)에서 교토를 거쳐 도쿄로 이동했다. 한반도가 일제의 식민지가 되면서 교토는 유학생의 도시가 되었다. 당시 유학생들은 주로 도쿄, 오사카, 교토 등지에 흩어져 있었는데, 교토 중심부에 위치한 도시샤(同志社) 대학에는 윤동주와 정지용이 유학을 했다. 현재 도시샤 대학의 구내에는 윤동주와 정지용의 한글 시비가 서 있다.

2. 통신사의 숙박지

오사카를 출발한 통신사 일행은 막부가 제공한 배를 타고 요도가와 강(淀川)을 거슬러 올라가 요도우라(淀浦)까지 이동했다. 요도우라에서 배를 내리고 나면 도쿄를 오갈 때에는 줄곧 육로를 이용했다. 통신사가 배를 내린 곳에는 현재 그 흔적이 남아 있는데, 교토 경마장 서쪽으로 1km 정도 떨어져 있는 납소(納所)에 세워진 도진간기(唐人雁木) 옛터 표석이 그것이다. 여기서 '도진(唐人)'은 조선인을 말하고 '간기(雁木)'는 선착장의 계단을 의미하므로, 이곳에 조선인 전용의 선착장이 있었다는 말이 된다.

배에서 내린 400여 명의 통신사 일행은 행렬을 갖추어 이동하기 시작했다. 조선 국왕의 국서(國書)를 앞세운 긴 행렬이었다. 요도우라에서 15리 정도 이동을 하면 짓쇼지(實相寺)가 있었는데, 일행은 여기서 옷을 갈아입었다. 정사, 부사, 종사관의 삼사(三使)는 공복(公服, 홍단령)을 입고 나머지 관리는 관복, 군관은 융복으로 갈아입었는데, 교토에 들어가면서 사절단의 위엄을 한껏 뽐내기 위해서였다. 1764년 짓쇼지에서는 원중거(元重擧), 남옥(南玉), 김인겸(金仁謙) 등이 미처 옷을 갈아입지 못하는 해프닝이 있었다. 일본어가 서툴

요도우라의 옛 모습 | 18세기 이성린의 〈사로승구도〉에 묘사된 요도우라. 성안으로 물을 길어 올리는 두 대의 수차가 인상적이다.

러 가마를 세우지 못한 경우도 있었고, 옷을 갈아입으려 했지만 짐을 실은 말이 먼저 가버린 경우도 있었는데, 모두 초행길이라 일본에서의 관례에 익숙하지 못해 생긴 일이었다.

통신사의 눈에 비친 교토는 한마디로 거대한 사찰의 도시였다. 교토가 1,000년 동안 수도로 기능하면서 곳곳에 수많은 사찰이 건축되었기 때문이다. 현재 교토에는 유네스코 세계문화유산으로 등록된 건물이 17곳이나 있는데, 그중에서 사찰이 12곳을 차지할 정도로 유서 깊은 사찰이 많다. 제2차 세계대전 때 연합군 전폭기가 일본 전역을 폭격하면서도 교토를 제외시켰는데, 교토에 있는 문화 유적과 유물을 보호하기 위해서였다고 한다.

통신사는 교토에서 2~3일 정도 머물렀으며, 숙소는 모두 오래된 사찰이었다. 기록을 보면 다이토쿠지(大德寺), 다이후쿠지(大福寺), 혼노지(本能寺), 혼코쿠지(本國寺) 등이 통신사의 숙소로 이용되었는데, 혼코쿠지에 대한 기록이 가장 많이 나타난다. 남용익(南龍翼)은 1655년에 혼코쿠지에 머물렀는데, 높은 탁자 위에 잠자리가 마련되어 있었다. 자세히 살펴보니 그곳은 원래 불상을 모신 자리였다. 통신사의 숙박을 위해 임시로 불상을 치우고 잠자리를 만든 것이었다. 남용익은 일본인들이 정성을 다해 만든 잠자리이긴 하지만 부처님 자리에서 잠을 잔다는 생각에 마음이 편치 않았다고 한다.

1764년에 혼코쿠지에 머물렀던 원중거는 숙소의 모습을 다음과 같이 기록했다.

혼코쿠지는 헤이안의 300개 사찰 가운데 최고이다. 층층 누각과 구리 기둥이 있고, 용마루가 겹겹인데다 복도는 서로 통했으며, 장대처럼 솟은 수많은 대나무와 수천 그루의 나무가 둘러싸고 있다. 사관(使館)은 한 개의 용마루가 있는 커다란 집인데, 칸막이를 하여 삼사의 처소를 만들었다. 세 방의 연막(蓮幕)은 모두 벌집처럼 늘어서 있었고, 가운데를 비워 연향(宴享)하는 장소로 이용했다. 그러고도 남은 땅이 있었는데, 처소마다 사면을 한 칸씩 비워두어 말하는 소리가 서로 섞이지 않았다.

혼코쿠지는 일련종(日蓮宗)의 대사찰로 14세기에 창건될 당시에는 사찰의 경내가 4만 평에 이르렀다고 한다. 임진왜란 때 가토 기요마사(加藤淸正)는 조선으로 출정하면서 이곳에 자신의 무덤을 조성하여 살아서는 돌아오지 않겠다는 결의를 나타냈다. 교토의 대표적 사찰이었던 혼코쿠지는 제2차 세계대전이 끝나면서 위기를 맞았다. 전쟁 중에 일련종은 일본의 군국주의와 밀착되어 있었는데, 전쟁이 끝나고 일본에 진주한 연합군이 일련종에 규제를 가했기 때문이다. 그래도 혼코쿠지는 상당한 규모를 유지해 1967년까지만 해도 니시혼간지(西本願寺)와 담장을 맞대었다고 한다.

2006년에 교토를 방문한 필자는 교토대 김문경 교수의 소개를 받아 혼코쿠지 터를 찾아나섰다. 고조도리(五條通)와 니시혼간지 사이에서 혼코쿠지 터로 추정되는 곳을 발견했는데, 일대가 모두 상가로 변해 있었다. 오늘날 일본의 대도시에서 통신사의 흔적을 찾기는 이처럼 쉽지 않은 상황이다.

3. 통신사가 본 일본 천황

교토를 방문한 통신사는 항상 일본의 천황을 재발견했다. 비록 쇼군에게 실권을 넘겨주긴 했지만 일본의 대표자였던 천황의 처소가 교토에 있었기 때문이다. 통신사가 교토를 방문했을 때 직접 천황을 만난 사례는 없다. 천황을 면담하는 공식 절차가 없는데다 막부 측에서 천황을 만날 수 있도록 허락하지도 않았기 때문이다. 따라서 통신사 일행은 숙소에 있는 높은 탑에 오르거나 교토에 있는 명승지를 방문하면서 멀리서나마 천황이 살고 있는 고쇼(御所)를 바라

볼 뿐이었다. 그러나 통신사는 천황의 움직임에 민감하게 반응했다.

1764년에 교토를 방문한 조엄(趙曮)은 천황에 대해 다음과 같이 설명했다. 조엄은 앞서 일본을 다녀간 신숙주(申叔舟)의 『해동제국기(海東諸國記)』와 남용익의 『부상록(扶桑錄)』을 읽으면서 천황에 대한 정보를 얻었다.

왜황(倭皇)은 진무(神武) 천황부터 지금까지 거의 120대가 되는데 처음에는 천황(天皇)이라 했고, 중간에는 지황(地皇)이라 했다. 성은 처음에는 왕 씨(王氏), 뒤에는 원 씨(源氏)라 했으며, 아들이 없을 경우에는 여주(女主)가 계승한 적도 많았다.

중엽 이후 정사를 관백(關白, 쇼군)에게 위임하고 황제의 자리만 지켰다. 천신(天神)을 빙자하여 한 달 가운데 보름 동안은 마음과 몸을 깨끗이 하여 경을 외우고, 보름 동안은 술을 마시고 음탕한 짓을 했으니, '하는 일 없이 봉급만 많이 받는다'라는 속담은 바로 왜황을 두고 한 말이다. 세상에 어찌 이런 황제가 있다는 말인가?

조엄이 언급한 것처럼 조선의 통신사들은 일본의 천황을 부정적으로 보았다. 신하인 쇼군에게 모든 권한을 넘겨주고 자리만 보존하는 무력한 존재로 보였기 때문이다. 게다가 '천황'이라는 칭호도 못마땅했다. 중국 황제와 조선의 국왕을 군신 관계로 설정한 빈례(賓禮)가 확립되어 있는 상황에서, 일본의 천황을 황제로 인정하면 조선과 일본의 외교관계에 심각한 혼란이 생기기 때문이다. 따라서 통신사는 천황이란 호칭을 쓰지 않고 '거짓 황제', '가짜 천황', '산성(山城)의 주인', '소위 왜황(倭皇)'이라고 표현했다. 지금도 한국의 신문에서는 일본의 천황과 황태자를 '일왕(日王)'과 '왕세자'라고 표현하는데, 이는 조선통신사가 가졌던 인식의 연장선에 있는 셈이다.

1643년 6월에 교토를 방문한 통신사는 여자 천황의 존재를 기록했다. "당시 천황은 여자인데 22세이고 그녀의 남동생은 13세인데 그해 연말에 남동생에게 천황의 자리를 전하려 한다. 왜황은 그 지위에 해당하는 사람이 없기 때문에 시집을 갈 수 없으며, 천황의 자리를 다른 사람에게 넘겨준 다음에야 시집을 갈 수 있다. 천황의 아비인 전 천황은 별궁에 거처하는데 40여 세이다"라는 내용이었다. 여기서 전 천황은 108대 고미즈모(後水尾, 1596~1680) 천황을 말하고, 여자 천황은 109대 메이쇼(明正, 1623~1696) 천황, 남동생은 110대 고코묘(後光明, 1633~1654) 천황을 말한다. 1643년 당시 그들의 실제 나이는 각각 48세, 21세, 11세였으며, 메이쇼는 1643년 10월에 남동생인 고코묘에게 천황 자리를 물려주었다. 이를 보면 통신사는 비록 천황을 직접 대면하지는 못했지만 비교적 사실에 가까운 정보를 가지고 있었음을 알 수 있다.

1655년에 교토를 방문한 남용익은 천황의 존재를 다음과 같이 노래했다.

> 예로부터 야만인의 황제(蠻皇)는 허수아비와 같은데
> 큰 성과 높은 궁궐, 일반 민가와 섞여 있네
> 원래 사직단의 쥐가 성장하여 범이 되었으니

진짜 용이 변해 물고기 되었다 말하지 마라

수천 년 지나도록 참호(僭號)를 사용하고
국토가 60주인데 그저 송장처럼 앉아 있네
하나의 성이 끊임없이 계승된다고 자랑하지 마라
다른 사람은 네 먹던 나머지도 먹지 않으리니

 천황이 권력을 모두 신하에게 빼앗기고 허수아비처럼 지내면서도 격식에 맞지 않게 황제라 칭하고 수천 년 동안 하나의 성이 이어진다고 자랑하는 것을 비판하는 내용이다.
 천황은 양국의 외교관계에서 논란을 일으킬 가능성이 있는 민감한 존재였다. 조선 국왕이 통신사를 파견할 때 그 상대자는 일본의 쇼군이었다. 조선의 국서에서는 쇼군을 '일본국 대군(大君)'이라 표기했는데, 이는 조선의 국왕과 대등한 지위에 있는 일본의 쇼군에게 사절단을 파견한다는 의미였다. 그런데 만일 천황이 권좌에 복귀하여 실권을 행사한다면 심각한 사태가 발생했다. 천황과 쇼군이 군신 관계를 유지하고 있는 이상, 복권된 천황과 조선의 국왕 사이에는 군신 관계가 성립할 가능성이 있었기 때문이다.
 조선의 국왕이 쇼군과 대등한 예를 거행하는 것에 대해서는 16세기에 김성일이 문제를 제기한 바 있었다. 그는 쇼군은 천황의 신하이므로 조선 국왕은 천황과 대등한 예를 거행해야 한다고 주장했다. 원중거는 조선 전기에는 일본이 조선의 국왕을 '황제 폐하'라 칭했는데, 왜황이 아니면 조선의 국왕과 대등할 수 없음을 그들

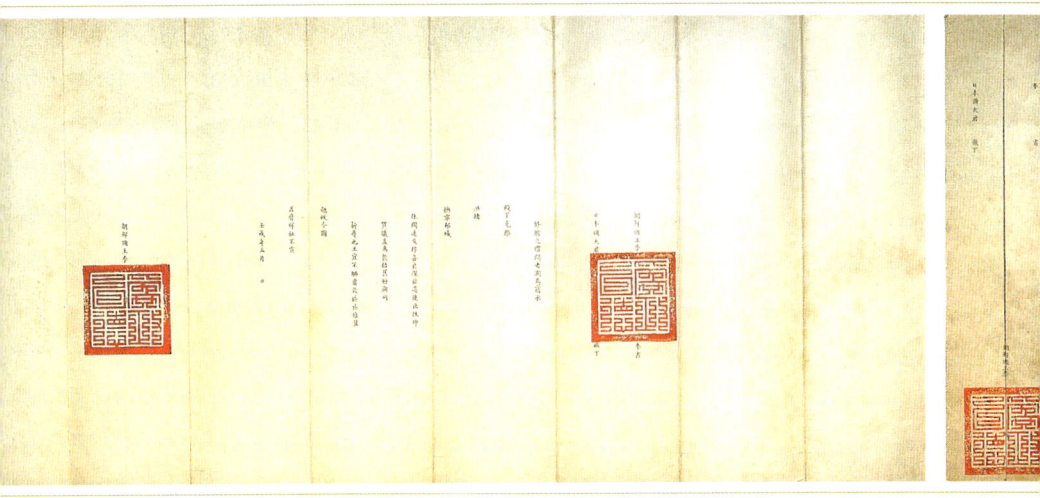

조선 국왕의 국서

스스로 알았기 때문이라고 했다. 이익과 안정복은 천황이 복권될 가능성을 조심스럽게 전망했다. 이들은 천황에게 충성하는 신하들이 천황을 복권시키는 경우와 쇼군이 천황이 되고 그 신하가 쇼군이 될 경우를 상정했는데, 어떤 경우든 조선에게는 큰 위기가 닥칠 것이라고 우려했다.

일본을 방문한 통신사는 일본의 국왕도 아니고 그렇다고 신하도 아닌 쇼군에게 국왕에게 올리는 사배례(四拜禮)를 거행했다. 그러나 일본에는 엄연히 천황이 있었고, 천황과 쇼군 사이에는 명목상이지만 군신 관계가 유지되고 있었다. 따라서 일본의 천황은 조선통신사에게 몹시 부담스러운 존재일 수밖에 없었다.

4. 기요미즈테라의 기품

교토의 히가시야마 구(東山區)에 있는 기요미즈테라(淸水寺)는 오랜 역사와 전통을 자랑하는 고찰이다. 사찰 건물 대부분이 일본의 국보나 중요문화재로 지정되어 있을 뿐 아니라 기요미즈테라 전체가 세계문화유산으로 등록되어 있다. 사찰의 건립 연대는 780년과 798년이라는 두 가지 설이 있는데, 어느 쪽을 택하든 794년 헤이안쿄가 조성된 시기에서 가깝다.

이 사찰을 건립한 진주후(鎭守府)의 쇼군 사가노우에노 다무라마로(坂上田村麻呂)는 백제계 도래인의 후예였다. 따라서 기요미즈테라를 건립한 인물은 한국 고대사와 관련이 있다고 할 수 있다. 기요미즈테라는 발해와도 인연이 있다. 발해는 헤이안 시대에도 일본과 교류를 계속했는데, 811년에 교토를 방문한 발해국 사절단이 이곳에서 개최된 성대한 연회에 참석했다고 한다. 이러한 인연은 현대로 이어져 헤이안 건립 1,200주년이 되던 1994년에 이곳에서 북한과 일본의 우호를 기원하는 축제가 열리기도 했다.

교토를 방문한 조선통신사가 기요미즈테라를 관광한 경우도 있다. 1607년 첫 번째 통신사의 부사 경섬(慶暹)이 이곳을 다녀갔는데, 경섬은 교토에서 쇼군을 만나기 위해 오랫동안 기다리면서 관광을 다닌 곳이 많았고, 고국으로 돌아갈 때에는 교토에서 장검 100자루를 구입해가기도 했다. 기요미즈테라를 둘러본 경섬은 "절이 산 중턱에 자리 잡았는데, 계곡이 청절하고 소나무와 대나무가 무성하다. 높은 누각이 시내에 닿았는데, 높이가 열 길이나 되어 내려다

기요미즈테라의 본당과 무대

보면 정신이 아찔하다"라고 했다.

'2007 조선통신사 옛길을 따라서' 탐방단 일행이 기요미즈테라를 방문한 것은 2007년 7월 31일 오전이었다. 전날 저녁 교토에 도착해 시내에서 여장을 풀었던 우리는 아침 식사를 마치고 기요미즈테라 방문길에 나섰다. 주차장에서 사찰에 이르는 길 양쪽에는 기념품 가게가 늘어섰는데, 대부분의 건물이 오래된 데다 기념품의 종류도 다양하여 눈길을 끌었다. 산길을 계속 오르자 오도와야마산(音羽山)의 자락에 위치한 기요미즈테라가 점차 눈에 들어왔다. 사찰의 입구에서는 붉은 칠을 한 삼층탑이 제일 먼저 눈에 띄었고, 이 탑을 오른쪽으로 끼고 왼쪽으로 돌아서자 본당 건물이 나타났다.

사찰의 중심 건물이자 일본의 국보인 본당 건물은 회나무 껍질

지슈 신사의 참배객

지붕을 하고 단청을 전혀 입히지 않은 목조건물인데, 헤이안 시대의 궁전이나 귀족의 저택 모습을 간직하고 있다고 한다. 현재의 건물은 1633년에 재건축한 것이지만 주변의 산세와 자연스럽게 어울리면서 사찰의 건물 가운데 기품이 단연 돋보였다. 본당 건물 앞에 설치한 목조 무대도 특이했다. 건물 앞이 가파른 낭떠러지이므로 나무기둥을 여러 개 세우고 그 위에 무대를 조성했는데, 기둥의 최고 높이는 12m, 무대의 넓이는 190㎡ 정도가 된다. 교토를 천년 고도라 한다면 기요미즈데라는 교토를 대표하는 천년 고찰이라 할 수 있다. 계곡을 타고 내려오는 시원한 바람과 신선한 공기를 호흡하며 교토 시내를 한눈에 내려다보는 기분은 일품이었다.

본당 건물 뒤편에는 지슈 신사(地主神社)가 있다. 천 년의 역사를 자랑하는 기요미즈테라에 최근에 조성한 신사가 있는 것이 이채로워 한번 올라가 보았다. 신사 안의 분위기는 사찰 쪽에서 느끼던 것과는 전혀 달랐다. 2007년이 액년(厄年)이 되는 남녀별 연령을 표시한 안내판이 서 있고, 신사 곳곳에 액땜을 막아주는 갖가지 부적이 진열되어 있었다. 무엇을 기원하는지 둘러보았더니 연애가 성취되고 자녀를 순산하며 시험에 합격하고 가정의 안전을 비는 내용이 대부분이었다. 일상에서 이야기를 해보면 그렇게도 합리적인 일본인들이 이렇게도 빌 것이 많을까. 필자로서는 합리적이고 계산이 분명한 일본인과 신사에서 빌 것이 많은 일본인 사이의 간극을 좀처럼 메우기 어렵다.

5. 조선인의 귀무덤

히가시야마 구에는 임진왜란 때 조선을 침략한 일본군이 조선인의 귀를 베어와 묻은 귀무덤(耳塚)이 있다. 귀뿐 아니라 코를 묻었다고 하여 코무덤(鼻塚)이라고도 한다. 일본은 1592년에 20만 명, 1597년에 14만 명의 군사를 동원하여 조선을 침략했다. 전쟁을 지휘한 도요토미 히데요시는 전쟁터에서의 공적을 평가하기 위해 조선인의 머리를 베어오게 했다. 그러나 머리는 부피가 너무 컸기 때문에 2차 침략 때는 머리 대신에 귀나 코를 베어오게 했다. 일본군은 전쟁터에서 베어낸 귀와 코를 항아리에 담아 일본으로 보냈고, 도요토미는 이 항아리를 가지고 오사카와 교토를 돌면서 사람들에게 보인 다음 교토 다이부쓰지(大佛寺) 서쪽의 현재 자리에 묻도록 했다. 귀무덤에는 적어도 10만 명 이상의 귀와 코가 묻혀 있는 것으로 전해진다.

귀무덤 인근에 있었던 다이부쓰지는 원래 도요토미 히데요시가 1586년에 지은 사찰이다. 10년 후 지진으로 건물이 파괴되자, 도쿠가와 이에야스(德川家康)는 히데요시의 아들 도요토미 히데요리(豊臣秀賴)에게 사찰을 재건하게 했다. 표면적으로는 도요토미의 명복을 빌기 위해서였지만 도요토미 집안의 재력을 소비하게 하여 그 세력을 약화시키려는 의도가 있었다고 한다.

1625년에 다이부쓰지를 방문한 강홍중(姜弘重)은 그 앞에 언덕과 같은 봉분과 석탑이 있는 것을 보았는데, 주변에 있던 사람에게 물어 이것이 도요토미 히데요시와 그 아들인 히데요리가 조성한 것임을 알았다. 강홍중은 이곳에 '조선 사람의 귀와 코를 묻었다', '진주성이 함락된 후 그 수급(首級)을 묻었다'라는 말을 듣고는 원통하고 분한 마음을 금할 수가 없다고 했다. 1643년에는 정사 윤순지(尹順之)와 종사관 신유(申濡)가 도쿄에서 쇼군을 만난 다음 교토에 도착하는 길에 다이부쓰지를 관광했다. 그러나 부사였던 조경(趙絅)은 다이부쓰지에 들르지 않고 곧장 숙소로 가버렸다. 이때까지 다이부쓰지는 통신사가 방문하는 관광지 중 하나였다.

다이부쓰지에서 통신사를 위한 연회가 열린 적이 있었다. 1711년에 도쿠가와 막부는 아라이 하쿠세키(新井白石)의 건의를 받아들여 통신사에 대한 접대를 간소히 하는 대신 돌아가는 길에 다이부쓰지에서 연회를 베풀어주도록 했다. 귀한 손님을 접대하기 위해서라는 명분을 내세웠지만, 사실은 조선의 사신들에게 인근에 있는 귀무덤의 존재를 상기시키면서 은근히 위협을 가하려는 의도가 있었다.

1719년 통신사가 교토를 방문했을 때 쓰시마 섬(對馬島)의 도주(島主)는 막부의 명령이라며 다이부쓰지 연회에 참석할 것을 요청했다. 정사 홍치중(洪致中)은 이 사찰이 조선의 원수인 도요토미 히데요시의 원당(願堂)이므로 참석할 수 없다고 거절했다. 원수가 지은 사찰에서는 술을 마실 수 없으니, 사찰의 문 밖에 장막을 치거나 아니면 민가에서 마시겠다는 것이었다. 이튿날 교토의 책임자가 『일본연대기(日本年代記)』란 책을 내보이며 이 절이 도요토미 히데요시의 원당이 아님을 보여주었다. 다이부쓰지는 도쿠가와 이에야스가 쇼군이 된 해에 중건된 절인데, 그때에는 도요토미의 자손이 섬멸되어 남은 종자가 없었다는 것이다. 물론 위조된 책이었다. 이후 홍치중은 부사 황선(黃璿), 제술관 신유한(申維翰)과 함께 다이부쓰지의 연회에 참석했다. 그렇지만 종사관 이명언(李明彦)은 끝까지 참석하기를 거부했다. 조선으로 귀국한 후 연회에 참석했던 사람들은 조정의 지탄을 받았는데, 이로 인해 다이부쓰지의 연회는 더 이상 열리지 않게 되었다.

우리 일행은 기요미즈테라를 방문했다가 귀무덤에 들러 참배를 했다. 귀무덤이 가까워지면서 기요미즈테라의 신선한 공기와 아름다운 경치에 고조되었던 기분이 급속히 가라앉았다. 임진왜란이 끝난 지 400년 이상의 세월이 흘렀다고는 하지만 한국사의 아픈 기억을 떠올릴 수밖에 없는 현장이 아닌가. 귀무덤은 석축을 쌓은 위에 우리나라의 무덤 모양을 한 봉분이 있고, 봉분의 꼭대기에 5층 석

귀무덤과 석탑

탑이 자리하고 있다. 현재 귀무덤은 인근에 있는 호코지(方廣寺)의 돌 축대와 함께 교토 시의 사적으로 지정되어 있다.

귀무덤 옆에는 조그만 집이 하나 있는데, 집주인은 올해 93세가 된 시미즈 시로(淸水四郞) 씨이다. 시미즈 시로 씨는 이 집에서 태어나 자랐으며, 지금까지 50년 동안 매일 귀무덤에 참배를 하고 벌초를 하는 등 무덤을 관리해왔다. 또 한국인 참배객이 방문하면 향을 무료로 제공한다고 한다. 이 때문에 시미즈 시로 씨는 언론을 통해 한국에 알려지기도 했는데, 이번에 우리 일행을 손수 맞으면서 무덤의 입구를 열어주고 향도 준비해주었다. "일본의 부끄러운 역사를 사죄하는 마음으로 무덤을 지키고 있다"라는 그의 말을 들으면서 한·일 간의 평화로운 공존을 위한 화해가 절실하다고 생각했다.

도요토미 히데요시의 무덤

따져보면 교토의 귀무덤 일대는 도요토미 히데요시를 위한 공간이라고 할 수 있다. 현재 귀무덤 옆에는 호코지와 도요토미의 신주를 모신 도요쿠니 신사(豊國神社)가 있고, 시치조도리(七條通) 거리를 넘어서면 산주산겐도(三十三間堂)가 자리하고 있다. 도요토미의 원당인 다이부쓰지는 이 지역을 모두 포괄했던 것으로 추정된다. 1625년에 강홍중은 다이부쓰지 경내에서 귀무덤을 보았고, 1719년에 신유한은 다이부쓰지를 방문한 후 이내 산주산겐도를 방문했기 때문이다. 또한 이곳에서 멀지 않은 아미타 봉(阿彌陀峰) 정상에는 도요토미 히데요시의 무덤인 도요쿠니뵤(豊國廟)가 조성되어 있다.

도요토미 히데요시를 위한 사당과 무덤은 1598년 도요토미가 63세를 일기로 사망하자 성대하게 조성되었다. 그러나 그와 대립했던 도쿠가와 막부가 성립되면서 그의 사당과 무덤은 모두 훼철되었다. 도요쿠니 신사와 무덤이 새로 조성된 것은 1880년 메이지 정부에 의해서였다. 2006년 1월에 필자는 도요토미의 무덤을 방문했다. 수백 개의 계단을 올라 산 정상에 이르자 웅장하게 조성된 무덤이 나타났다. 메이지 정부가 천황을 복권시키고 한반도의 식민지화를 추진하면서 도요토미의 조선 침략을 적극적으로 평가하려고 했던 의지를 느낄 수 있는 현장이었다.

6. 고려미술관의 통신사 그림

교토의 기타 구(北區)에는 재일동포 실업가 정조문(鄭詔文) 씨가 건립한 고려미술관(高麗美術館)이 있다. 정조문 씨는 6세에 일본으로 건너가 자수성가한 인물인데, 한국의 미를 널리 알리기 위해 1988년에 고려미술관을 건립했고, 이듬해인 1989년에 사망했다. 미술관의 소장품은 그가 일본에 살면서 평생을 두고 수집한 것으로 고려시대와 조선시대의 미술품과 공예품이 중심을 이룬다. '고려'라는 미술관 이름은 남·북한의 국호를 다분히 의식했기 때문으로 보이는데, 고려박물관을 소개하는 안내문에도 "조선·한국의 풍토 속에서 성숙한 미"라고 하여 남·북한을 동등하게 배려하고 있다.

미술관 건물은 푸른 대나무로 둘러싸여 있었다. 이곳의 한가로운 풍경을 보면서 조금 전 귀무덤에서 우울해진 마음이 다소 누그러졌다. 미술관 입구의 양쪽에는 무인석(武人石) 한 쌍이 서 있었고,

고려미술관 입구

담장은 한국식으로 되어 있었으며, 담장의 수키와에는 '고려(高麗)'라고 새겨져 있었다. 마당으로 들어서자 왼편에 돌로 만든 불로문(不老門)이 있고 그 안쪽으로 석탑과 석등, 문인석, 무인석이 배치된 별도의 전시 공간이 있었다. 특히 무인석은 조선시대의 왕릉에서나 볼 수 있는 수준 높은 조각이었다. 전체적으로 규모는 크지 않았지만 공간 활용을 잘한 것으로 보였다. 마당 한쪽을 전시 공간으로 이용한 것이나 2층에 있는 베란다를 옹기 전시장으로 만든 것이 그 예였다.

설립자의 외손녀인 이수혜 연구원이 우리를 안내해주었다. 전시실에는 상설로 전시된 작품 이외에도 김명국(金明國)의 그림 두 점과 한시각(韓時覺)의 그림 한 점이 있었는데, 통신사의 자취를 찾아나선 우리 일행을 특별히 배려해 공개한 것이었다. 〈달마도〉로 유명한 김명국은 1636년과 1643년에 통신사의 일원으로 일본을 방문했고, 한시각은 1655년에 일본을 방문한 화가였다. 김명국의 그림에는 모두 새가 있는데, 그중 하나에는 연담(蓮潭)이라는 김명국의 호가 있고 상단에는 일본의 유명한 유학자 하야시 라잔(林羅山)이 쓴 제사(題辭)가 있었다.

전시실에는 통신사 관련 기록화도 한 점 있었다. 조선인이 일본인 앞에서 마상재(馬上才) 공연을 하는 장면이었다. 이 그림에 대해 이수혜 연구원은 공연 장소는 도쿄에 있는 쓰시마 도주의 번저(藩邸)이며, 그림에 원근법이 적용된 것으로 보아 에도(江戶) 중기에 가부키(歌舞伎) 간판을 그렸던 화가의 작품으로 추정된다고 했다. 마상재는 매년 5월 5일에 교토의 후지노모리 신사(藤森神社)에서 열리는 후지노모리 축제(藤森祭)에서 공연되고 있으며, 교토의 유명한 후시미(伏見) 인형 중에도 마상재 장면을 묘사한 인형이 있다고 한다.

고려미술관은 2003년 10월에 개관 15주년을 기념하여 『고려미술관 장품도록(高麗美術館藏品圖錄)』을 발간했다. 총 226쪽에 이르는 이 책자에는 1,700여 점에 이르는 소장품 가운데 추린 180점이 수록되어 있는데, 특히 도자기 명품이 많다. 또한 미술관 건너편에는 아담한 크기의 고려미술관연구소 건물이 있는데, 이곳에는 1988년에 김달수(金達壽) 선생과 강인구(姜仁求) 선생이 기증한 도서가 소장되어 있다고 한다. 두 선생은 남·북한의 관계를 고려해 이곳에 도서를 기증했다고 한다.

2층 전시실을 둘러보다 탁자 위에서 정조문 씨의 장례식에 관한

일본에서의 마상재 공연 | 고려미술관 소장

기사를 발견했다. 그의 장례식은 1989년 2월 24일에 있었는데, 비가 내리는 가운데 2,000명이 넘는 일본인, 한국인, 조선인(북한인)이 참석했다고 한다. 이 날은 마침 쇼와(昭和) 천황의 장례일이기도 했는데, 쇼와의 일생이 제국주의 전쟁 시대와 전후 평화의 번영 시대로 구분된다면, 같은 시기의 한국사는 비운의 식민지 시대와 남북 분단 시대로 구분된다고 했다. 이 기사를 읽으면서 앞으로 통일 한국의 시대가 온다면 정조문 씨가 수집한 소장품이나 김달수, 강인구 선생의 도서가 그리운 고국으로 돌아올 수도 있겠다는 생각이 들었다.

7. 쇼코쿠지의 통신사 자료

쇼코쿠지(相國寺)는 무로마치 막부의 3대 쇼군이었던 아시카가 요시미쓰(足利義滿)가 고코마쓰(後小松) 천황의 칙명을 받아 건설한 임제종(臨濟宗) 사찰이다. 1392년 조선이 건국된 해에 만들어졌으며, 오닌(應仁)의 난 때 모든 건물이 불타버린 이후 수차례의 개축을 거쳐 현재에 이른다.

교토를 방문한 여행객이 반드시 들르는 사찰에는 킨가쿠지(金閣寺)와 긴가쿠지(銀閣寺)가 있다. 모두 세계문화유산에 등록된 유명한 사찰이다. 그런데 쇼코쿠지는 이 두 사찰을 포함하여 90여 개의 말사(末寺)를 거느린 임제종 쇼코쿠지 파의 대본산(大本山) 사찰이다. 쇼코쿠지가 예사롭지 않은 사찰임은 사찰의 위치와 규모만으로도 짐작이 된다. 쇼코쿠지는 교토의 상징이라 할 고쇼의 정북쪽에 도로 하나를 사이에 두고 있으며, 주변의 도시샤 대학이나 세이안(成安) 중고등학교가 사찰의 경역을 파고 들어간 것을 제외해도 아직까지 상당한 규모의 경역을 자랑한다.

사찰의 중앙에 있는 법당 건물은 도요토미 히데요시의 아들인 히데요리가 1605년에 건립한 것인데, 일본에서 가장 오래된 법당 건물로 중요문화재로 지정되어 있다. 법당 건물은 멀리서 보기에도 우람하며 단청을 하지 않은 것이 특징인데, 이곳을 출입할 때 평소에는 뒷문을 이용하고 설법을 할 때에만 앞문을 이용한다고 했다.

일행이 법당에 도착하자 야노 겐토(矢野謙堂) 스님이 마중을 나와 안내했다. 뒷문을 통해 안으로 들어가자 법당의 웅대한 규모가 드러났다. 법당의 중앙에는 원래 석가여래를 본존으로 하고 양 옆에는 협시보살이 있었는데, 현재는 외부의 박물관에서 전시 중이라 했다. 법당의 천장에는 에도시대의 유명한 화가인 가노 에이토구(狩野永德)의 맏아들인 가노 미쓰노부(狩野光信)가 그린 거대한 용 그림인 〈반룡도(蟠龍圖)〉가 있다. 용 그림은 천정의 중앙 부분을 둥그렇게 차지하고 있었는데, 이 용은 울음을 우는 용으로 유명하다고 한다.

법당을 나오면서 보니 뒷문의 오른편에 검은색 동상을 모신 조그만 제단이 있었다. 가까이 가서 보니 쇼코쿠지를 창건한 아시카가 요시미쓰의 동상이었다. 사찰의 법당 안에 창건자의 제단을 별도로 설치한 것은 익숙하지 않은 광경이었다.

쇼코쿠지에서 우리 일행을 가장 놀라게 한 것은 쇼코쿠지 법당 뒤쪽으로 걸어서 10분 거리에 있는 지쇼인(慈照院)이었다. 안내판을 보니 원래 이 건물의 이름은 다이토쿠인(大德院)이었는데, 1490년에 아시카가 요시마사(足利義政)를 기념하는 영당(影堂)으로 조성되면서 그의 법호(法號)를 따서 지쇼인이라 했다고 한다. 지쇼인 건물 안으로 들어서자 노스님이 우리를 맞았고, 바닥에는 100여 점에 가까운 통신사의 유묵이 펼쳐져 있었다. 1711년에 일본을 방문한 통신사 일행이 쇼코쿠지의 주지였던 벳소(別宗) 스님에게 준 시문이었다.

벳소는 1658년에 태어나 1714년에 사망한 인물로서, 이름은 조연(祖緣)이고, 벳소는 그의 자(字)이며, 호는 강사(江沙) 또는 이신(頤神)이다. 이 때문에 통신사가 준 시문 중에는 벳소와 함께 이신(頤神)이라 칭한 시문도 많다. 벳소가 통신사와 처음 인연을 맺은 것은 1682

쇼코쿠지 법당의 〈반룡도〉

년이었다. 이때 벳소는 통신사가 숙박하던 혼코쿠지에 가서 통신사 일행과 시를 주고받았다. 이후 벳소는 1700년 5월부터 이듬해 6월까지 쓰시마에 있는 이테이안(以酊菴)에서 윤번승(輪番僧)을 담당했다. 윤번승이란 조선과 일본 사이에 왕래하는 문서를 전담하는 승려를 말하는데, 교토의 덴류지(天龍寺), 겐닌지(建仁寺), 도후쿠지(東福寺), 쇼코쿠지에 소속된 승려 가운데 학문과 문장이 뛰어난 사람을 뽑아 교대로 임명했다. 1711년 조선에서 통신사가 오자 벳소는 접반승(接伴僧)으로 임명되었다. 한시에 능하고 윤번승 근무를 통해 조선의 실정을 잘 알고 있던 그에게 통신사를 접대하는 임무가 주어진 것이다.

벳소는 접반승의 자격으로 통신사와 함께 도쿄를 왕래했고, 통신사와 함께하는 수개월 동안 시문을 주고받았다가 이를 모아서 두루마리를 만들었다. 우리 일행이 지쇼인에서 본 것은 바로 그 두루마리였는데, 『한객사장(韓客詞章)』이란 제목의 4축으로 된 두루마리였다. 여기서 한객(韓客)이란 바로 조선의 통신사를 지칭하는 것이다.

두루마리를 보니 벳소에게 시문을 준 사람은 정사 평천(平泉) 조태억, 부사 정암(靖菴) 임수간, 종사관 남강(南岡) 이방언을 비롯하여 제술관 동곽(東郭) 이현, 서기 경호(鏡湖) 홍순연, 용호(龍湖) 엄한중, 범수(泛叟) 남성중과 같은 주요 문사를 망라하고 있었다. 그중에서도 특히 정사 조태억이 지은 시가 눈에 많이 띄었는데, 마침 우리 일행 중에는 조태억의 11대손인 조용식 씨가 있어 남다른 감회를 느꼈으리라 짐작한다.

지쇼인에 펼쳐진 「한객사장」 두루마리

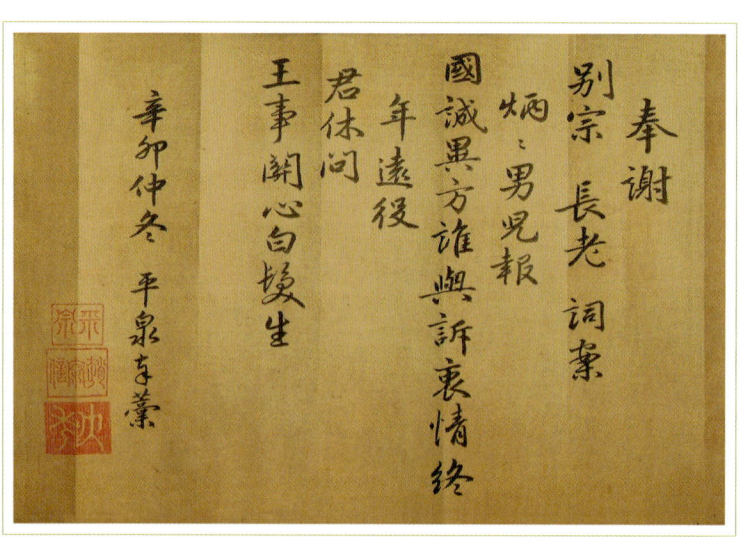

조태억이 벳소에게 지어준 시

『한객사장』의 시문 가운데 벳소와의 친분을 보여주는 조태억의 시 한 수를 소개한다.

삼가 벳소 장로에게 사례함	奉謝別宗長老詞案
나라 은혜 갚으려는 남아의 뜨거운 정성	炳炳男兒報國誠
낯선 타향에서 누구에게 그 충정 말하리오	異方誰與訴衷情
추운 겨울의 사행길 그대는 말도 마오	終年遠役君休問
나랏일에 마음 쓰느라 백발이 생겼다오	王事關心白髮生
신묘년(1711) 11월에 평천이 삼가 작성함	辛卯仲冬平泉奉藁

사행길의 안부를 묻는 벳소에게 감사하면서, 자신은 통신사로서의 임무를 다하느라 흰머리가 생길 지경이라고 하소연하는 내용이다. 조태억과 벳소의 친분이 상당한 수준에 이르렀음을 보여주는 시이다. 끝에 있는 세 개의 인장은 '평천(平泉)', '조태억(趙泰億)', '대년(大年)'을 새긴 것인데, 평천은 조태억의 호이고, 대년은 그의 자(字)이다.

지쇼인에서 우리를 놀라게 한 것은 『한객사장』 두루마리만이 아니었다. 사실 『한객사장』은 재일교포 이원식 선생이 『조선통신사』라는 책자에서 이미 소개한 자료였다. 필자는 이 자료를 이번에 처음으로 대했는데, 자료의 양이 워낙 방대한데다 보관 상태가 매우 좋은 것이 놀라웠다. 그런데 지쇼인의 방 안에는 병풍으로 된 또 다른 자료가 있었다. 그것은 통신사 일행의 글씨와 그림을 모아서 표구한 병풍으로, 기존에 전혀 알려지지 않은 자료들이었다. 글씨는 청옹(淸翁), 남파(南坡), 임천(林泉)의 작품이었고 그림은 주로 괴원(槐園), 초원(蕉園), 송암(松菴)의 작품이었는데, 부채용 종이를 사용한 것이 많고 글씨와 그림이 어우러진 것도 있었다. 이들은 모두 각자의 호 앞에 '조선(朝鮮)'이라 기록하여 일본을 방문한 조선인의 작품임을 분명하게 보여주었다.

통신사가 남긴 글에는 한글도 있었다. 한글로 시조를 쓴 다음 이에 해당하는 한자를 병기한 것이 두 점 있었는데, '농와'라는 호를 가진 사람이 쓴 것이었다. 한글을 묻는 일본인에게 한자로 뜻풀이까지 해서 써준 것으로 짐작되었다. 흥미로운 자료라 그 내용을 소개한다.

국화(菊花)야 너(汝)는 어이(何) 삼월동풍(三月東風) 다(盡) 보(送)내고
낙목한텬(落木寒天)의 네(汝) 혼(獨)자 퓌(發)엿느니
진실(眞實)노 오샹고졀(傲霜孤節)은 너(汝)샌(啬)인가 ᄒ노라
　　　　　　　　　　　　　　　　　　　　　됴션농와셔

반남아(半餘) 늙(老)어시니 다시(更) 졈(少)든 못(未) ᄒ어도
이후(此後)나 늙(老)지 말(弗)고 미양(每樣) 이만(此如) ᄒ엿고져
빅발(白髮)이 네(汝) 짐작(斟酌)ᄒ여 더듸(遲) 늙(老)게 ᄒ여라
　　　　　　　　　　　　　　　　　　　　　됴션농와셔

8. 교토를 떠나며

대도시인 교토에는 도심지의 변화가 많았고 이 때문에 통신사의 행적과 관련된 유적이 그대로 보존된 곳은 드물었다. 특히 통신사의 숙소로 사용되었던 사찰의 원 모습을 발견하기가 무척 힘들었는데, 이러한 사정은 앞서 들른 오사카에서도 마찬가지였다. 작년에 세토 내해(瀨戶內海) 지역을 여행하면서는 곳곳에서 통신사 관련 유적이나 자료관, 기념관을 볼 수 있었는데, 이와 비교하면 확실히 차이가 있었다. 그러나 당장 눈에 띄지 않는다고 모두가 사라진 것은 아니었다. 고려미술관이나 지쇼인에 보관된 다양한 자료를 보면서 자료를 발굴하기 위한 노력을 계속해야 하는 필요성을 느꼈다.

쇼코쿠지의 방문을 끝으로 우리는 교토 여행을 마무리했다. 교토에서 점심을 먹은 다음 일행을 실은 버스는 오미하치만(近江八幡)을 향해 출발했다. 교토에 머문 시간은 하루가 채 되지 않았지만, 필자를 비롯한 탐방단 일행에게는 많은 것을 생각하게 하는 여행이었다.

일본인이 자랑하는 역사와 문화의 도시 교토. 필자는 이번 여행을 통해 교토의 역사가 한국사와 밀접하게 연결되어 있음을 다시 한 번 발견했다. 교토의 역사는 고대에 한반도에서 건너온 도래인과 함께 시작되었고, 천 년의 역사를 이어 현재까지 교류가 계속되고 있다. 이전에 몇 번이나 방문한 적이 있었음에도 불구하고, 교토는 여전히 낯설고 또 새로운 의미를 지닌 도시였다.

길은 우리네 삶의 길이기도 하지만 동시에
역사의 길이자 문화의 길이기도 하다.
그렇다면 조선인가도는 일본인들에게는 문화의 길이자
삶의 길일 것이다. 오늘 조선통신사의 옛길을
찾아나선 우리들에게 이 길은 조상에 대한
자긍심을 갖게 하는 역사의 길임은 두말할 나위도 없으리라.

제 3 장

오미하치만

물과 호수의 나라,

— 주진태

1. 비파의 허리에 위치한 작은 마을

여름철 일본을 몇 번 여행한 경험이 있는 사람은 그 고단함을 잘 알고 있다. 가만히 있어도 슬며시 감겨오는 섬나라 특유의 무더위를 몸이 먼저 기억해내기 때문이다. 그러나 전에 보았던 명승지를 다시 볼 수 있다는 기대는 그런 기억을 쉽게 잊게 만든다. 2007년 8월 초 '조선통신사 옛길을 따라서' 탐방단과 함께 두 번째로 찾았던 시가 현(滋賀縣) 오미하치만 시(近江八幡市)와 비와 호(琵琶湖)도 그런 곳이었다.

이번 방문은 신문사 문화부에 재직할 때인 지난 2003년 조선통신사 관련 기획시리즈 취재 이후 꼭 4년 만의 일이다. 여정을 시작할 때부터 각오를 단단히 한 탓인지 일본의 한여름 더위도 그다지 못 견딜 정도는 아니었다. 구름도 별로 없는 맑은 날씨에 바람마저 불지 않는데도 몸은 별다른 반응을 보이지 않는다. 그저 한여름 부

하치만 산 | 도요토미 히데쓰구가 성을 쌓았던 곳으로 지금은 정상까지 케이블카가 놓여 있다.

산의 날씨 같다는 정도의 느낌이랄까. 그렇다면 이번 통신사 유적지 탐방 여정은 쉽게 풀려나갈 것이란 기분 좋은 예감이 들기 시작했다.

4년 전 오미하치만을 처음 찾았을 때도 한여름이었다. 그때는 빡빡한 일정 때문에 비와 호를 먼발치에서 구경할 수밖에 없었다. 봉숭아 꽃물같이 아름답다는 비와 호의 저녁 노을을 감상할 여유도 없었다.

오미하치만은 교토(京都)에서 버스로 메이신(名神) 고속도로를 타고 류오(龍王) 인터체인지로 빠져나와서도 1시간 30분은 족히 걸리는 곳이다. 옛날 통신사들이 이삼일 정도는 꼬박 걸어야 도착할 수 있는 거리이다. 차창으로 눈에 들어오는 세상은 온통 진초록빛. 구획 정리가 잘된 논과 주위의 야트막한 산을 온통 뒤덮은 초록 세상 속에서는 원근 구별도 쉽지 않다. 눈 건강에 좋다는 초록빛도 계속 쳐다보면 이내 싫증이 나고 만다. 혼자 생각이지만 우리보다 훨씬 잘사는 나라의 시골에서는 더욱 그렇게 느껴진다. 바람도 없는지 온 들판 가득한 푸나무들도 아무런 고갯짓이 없고, 한낮의 더위만이 조용히 내리꽂히며 나락을 여물게 하고 있었다. 차창 밖으로 초록의 들판을 하릴없이 쳐다보며 기분을 정리해보았다.

앞서 도요토미 히데요시(豊臣秀吉)를 기리는 교토의 도요쿠니 신사(豊國神社) 앞의 귀무덤(耳塚)을 둘러본 것 때문인지 기분은 좀처럼 맑아지지 않았다. 정유재란 당시 일본군이 순박한 우리 백성과 병사들의 코와 귀를 베어갔던 그 잔혹함에 가슴이 우둔우둔해졌기 때문일 것이다. 이런저런 생각을 하고 있는 사이에 버스는 짙푸른 들판의 좁은 도로를 따라 오미하치만 시에 도착했다.

오미하치만 시는 시가 현의 시골 소도(小都)로서 인구가 6만 8,000여 명에 불과하다. 옛 악기인 비파(琵琶)를 닮았다는 비와 호의 동쪽 허리 약간 못 미치는 곳에 있다. 비파의 머리인 오쓰 시(大津市)와 몸통 부분에 해당하는 히코네 시(彦根市)의 중간쯤에 위치한다.

전체적인 분위기는 일본의 농촌에서 쉽게 볼 수 있는 회색 기와로 인해 차분해 보였다. 세월에 따라 색이 바랜 오래된 목조건물에서는 옛 정취가 물씬 배어났다. 이곳은 일본 내에서도 옛 모습을 오롯하게 간직한 곳으로 꼽히는데, 지금도 드라마나 영화, 사진 촬영지로 인기를 끌고 있다.

오미하치만의 문화나 역사를 얘기할 때는 도요토미 히데요시의 조카 도요토미 히데쓰구(豊臣秀次)를 빼놓을 수 없다. 그는 히데요시의 누이 도모(日秀)의 아들로 후사가 없었던 히데요시의 양자가 되었다. 많은 싸움에서 공을 세워 1585년 히데요시가 관백(關伯) 되고, 히데쓰구에게 오미국(近江國)과 야스(野洲) 등 네 곳의 영지 43만 석을 주자 이곳 영주로 부임했다. 그는 백성들과 성시(城市) 건설에 많은 노력을 쏟았으며, 1593년에 히데요시에 이어 관백이 되었다. 하지만 1년 뒤에 히데요시에게 아들 히데요리(秀賴)가 생기면서 그는 완전히 찬밥 신세로 전락하고 말았다. 히데쓰구는 자신의 신변에 커다란 변화가 있을 것이라는 불안 때문에 폭정을 일삼았다. 그러다 결국 양아버지이자 외삼촌인 히데요시로부터 반역죄를 뒤집어쓰고 할복함으로써 28세의 짧은 생을 억울하게 마감했다.

짧은 통치기에 히데쓰구가 오미하치만을 정비하는 데 특히 힘쓴 분야는 마치 몸속의 혈관처럼 이어지는 수로(水路)를 건설하는 것이었다. 그는 오미하치만 지역의 늪지대를 준설하고 메워서 새롭게 농토를 조성하고 수로를 만들었다. 이 수로는 성을 방어하기 위한 해자(垓子)의 기능도 하지만, 주 기능은 운하였다. 히데쓰구는 이 수로로 비와 호를 왕래하는 인근 지역의 모든 선박을 오미하치만 지역을 통과하도록 했다. 그러자 물자와 정보가 모여 지역경제가 크게 활성화되었다.

비와 호와 연결된 하치만보리 수로 | 하치만 산 밑으로 해서 시가지 북쪽을 감싸고 있는 운하이다.

　비와 호 남쪽의 오미하치만은 발달한 교통과 상업, 비옥한 평야로 상업도시인 오사카나 천황이 살고 있는 교토, 막부가 있는 도쿄를 제외하고는 일본에서 손꼽히는 부유한 마을이었다. 막부가 자신들보다 문화적으로 훨씬 앞선 조선의 외교 사절인 통신사의 휴게소 겸 식사 장소로 이곳을 선택한 것은 이런 이유 때문인지도 모른다. 막부는 외교 사절단을 맞이하는 국가적 프로젝트를 수행하는 데 오미하치만이 충분히 걸맞은 곳이라고 생각했을 것이다. '오미 상인'으로 대표되는 오미하치만이 그만큼 충분한 재력과 실력을 두루 갖추고 있었음을 추측해볼 수 있다.

1607년(선조 40년) 제1차 회답 겸 쇄환사의 부사 경섬(慶暹)은 『해사록(海槎錄)』에서 오미하치만을 다음과 같이 묘사하고 있다.

> 숙박지를 출발하자 깃발, 창, 칼, 무기, 마차, 화물 등이 1리 넘게 가득하고 구경하는 사람들이 거리를 메웠다. 도로는 평탄하고 넓었으며 잘 보수되어 있고, 길 좌우에는 소나무, 전나무가 나란히 심어져 4리의 길이 녹음으로 이어져 있었다. 3리를 가자 하치만 산에 성이 있고 민가가 번창했다. 옛날 히데요시의 조카 히데쓰구가 있었던 성이다. 또 1리를 가자 아즈지(安土)라는 곳으로 북쪽에 커다란 호수가 있었고 앞에는 넓은 들이 펼쳐졌으며 산 밑에는 물을 끌어들여 호수를 만들었다. 이곳은 전 관백 노부나가(信長)가 도시를 설계한 곳으로, 히데요시가 주민들을 전부 오사카에서 이주시켰다.

약 400년 전 오미하치만은 계획된 도시로서 도로가 평탄하고 가로수도 잘 정비되어 있었다. 도시의 중심부에는 성곽이 있었고 민가도 번창했다. 사람들이 처음부터 이곳에 살았던 것이 아니라 오사카에서 이주해왔다는 사실도 알려주고 있다. 비와 호반의 넓은 들에서 농사를 짓는 이곳 사람들의 삶이 일본의 다른 지역보다 풍족했음을 잘 보여준다.

1624년(인조 2년) 제3회 때의 부사 강홍중(姜弘重)의 『동사록(東槎錄)』에도 오미하치만 사람들의 풍족한 생활을 엿볼 수 있는 대목이 있다.

호수는 거울같이 맑고 끝없이 넓었다. 조각배가 곳곳에 떠 있고 돛대 그림자가 어른거렸다. 호숫가를 따라 수십 리를 나아갔다. 구사쓰무라(草津村)의 세타 교(瀬田橋)를 지나니 드넓은 평야가 보였다. 모두 논이었다. 호수의 물을 끌어대어 토질이 매우 기름졌다.

도쿠가와 막부가 이런 오미하치만을 조선통신사가 에도를 왕복하는 길에 통과하도록 한 것은 당시 이 길이 가장 짧은 노선이기도 했지만, 여기에는 자신들의 잘사는 모습을 통신사에게 보이기 위한 계산도 들어 있었을 것이라고 어렵지 않게 짐작할 수 있다.

2. 사행길의 휴식처, 혼간지 하치만 별원

조용한 소읍 사람들의 의아스런 눈길을 받으며 오미하치만에서 제일 먼저 들른 곳은 혼간지 하치만 별원(本願寺八幡別院)이었다. 혼간지는 조선통신사가 일본 사행 중에 휴식을 취하거나 숙박한 장소로 자주 등장하는데, 오사카·교토·도쿄·삿포로 등 일본 각지에 산재해 있는 규모가 상당히 큰 절이다.

이 혼간지는 전국시대(戰國時代)에 오다 노부나가(織田信長)와 10년 전쟁을 벌인 것으로 유명하다. 1570년 노부나가가 오사카의 이시야마(石山)에 있는 혼간지에 퇴거 명령을 내리자 제11대 종주(宗主)인 겐뇨(顯如)가 이에 반발, 10년 동안 전쟁을 벌였다. 나중에는 도요토미 히데요시가 이곳에 오사카 성(大坂城)을 세운다.

후에 겐뇨는 노부나가와 화해하고 혼간지를 기이(紀伊)의 사기노모리(鷺森)로 옮기게 되었다. 이때 결사 항전을 주장하는 첫째 아들 교뇨(敎如)와의 불화로 부자(父子) 관계가 끊어졌다. 1592년 겐뇨의 갑작스런 죽음으로 교뇨가 제12대 종주로 즉위하자 모친인 뇨순니(如春尼)가 히데요시에게 "겐뇨는 셋째인 준뇨(准如)를 후계자로 지명했다"라는 내용의 양도장(讓渡狀)을 제출했다. 이에 히데요시가 17세의 준뇨를 혼간지의 법주(法主) 자리에 앉히자 불만을 품은 교뇨의 문도들은 도쿠가와 이에야스(德川家康)에게 접근했다. 이들은 이에야스의 비호 아래 교토의 가라스마루(烏丸) 로쿠조(六條)에 히가시혼간지(東本願寺)를 건립했고, 이로써 혼간지 교단은 동서로 나뉘게 되었다.

오미하치만 혼간지 하치만 별원은 정토진종 혼간지 파(淨土眞宗本願寺派)에 속하며, 니시(西)혼간지 소속이다. 도로변에서 봤을 때 민가 속에 들어서 있어 가람(伽藍)은 그리 커 보이지 않았다. 찬찬히 주의해서 살펴보지 않으면 산문(山門)마저 선뜻 찾아내기가 쉽지 않다. 하지만 들어서면 시가 현 정토진종 혼간지 파 교구 사무소일 정도로 내부가 상당히 넓다.

이 절은 원래 1558년 시가 현 동쪽 가모(加茂)에 창건된 곤타이지(金台寺)가 전신이다. 곤타이지는 1580년 오다 노부나가에 의해 야스 성(野洲城) 아래로, 1592년 도요토미 히데쓰구에 의해 하치만 성(八潘城) 아래 지금의 위치로 이전되었다. 그 뒤 1876년 하치만 별원으로 이름이 바뀌어 현재에 이르렀으며, 현의 유형문화재로 지정되어 있다.

이 절은 전국시대인 1600년 세키가하라(關ヶ原) 전투에서 승리를 거둔 도쿠가와 이에야스가 교토로 천황을 만나러 갈 때 하룻밤 묵었던 곳이기도 하다. 100여 년간 이어진 일본의 전국시대는 백성의 불안과 고통은 아랑곳하지 않고 전쟁으로만 점철된 격랑의 시기였다. 각 지방에서 일어난 무장(武將)들이 오로지 무력만을 앞세워 서로 밀고 당기는 싸움을 되풀이 하면서 세력을 확장, 천하통일의 꿈을 실현하려 했다.

이곳은 1607년 이후 일본의 실권자인 쇼군(將軍)이 바뀔 때마다 일본의 요청으로 그것을 축하하기 위해 일본을 방문한 조선통신사 가운데 정사(正使) 등이 히코네로 가는 길에 들러 점심을 먹고 쉬어갔던 휴식 장소였다.

탐방단은 큰길가 교구 사무소를 통해 하치만 별원에 들어섰다. 이 절의 산킨(參勤) 오구라 가즈키(小椋一樹) 스님이 반갑게 맞아주었다. 산킨 스님이라면 종

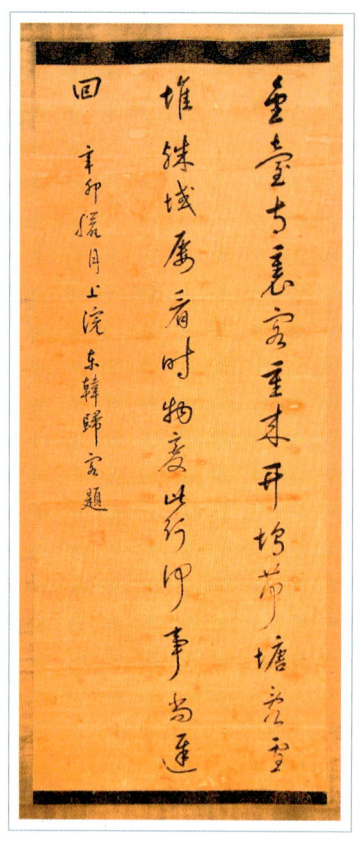

니시혼간지 하치만 별원에 남아 있는 남강 이방언의 7언시 | 오랜 사행길에서 망향의 정을 담아낸 작품이다.

단이나 교구에서 파견근무 중인 스님 정도가 될 것이다. 안내를 받아 들어간 곳은 1711년(숙종 37년) 제8차 통신사 종사관 남강(南剛) 이방언(李邦彦)의 시(詩)가 걸린 정사의 방이었다. 절의 규모와 부속 건물은 세월에 따라 많이 변했지만 방은 당시 그대로라고 가즈키 스님은 말해주었다. 아직도 묵향이 그윽해 보이는 남강의 7언 절구에는 문기(文氣)마저 서려 있는 듯하다.

금대사라는 곳에 또 들렀네	金臺寺裏客重來
대나무가 무성한 연못에 눈발이 휘날려 쌓였네	竹堆荷塘亂雪堆
이국에서 시절의 변화를 몇 번이나 본다	殊城屢看時物變
이번 사행은 어째서 이다지도 돌아가는 것이 늦어지는가	此行何事尙遲回

이 시는 남강이 그해 12월 에도에서 돌아오는 길에 이곳에 들러 쉬면서 쓴 작품이다. 오랜 사행길에 떠나온 고향과 가족을 간절히 그리워하는 심경이 잘 나타나 있다.

당시 조선 조정은 통신사 파견이 회를 거듭할수록 검증 과정을 강화하여 시문에 능한 인물을 삼사(三使)와 수행원으로 선발했다. 일본의 지식인과 민간인이 통신사에게 글과 그림을 부탁하는 경우가 많았기 때문에 이에 부응하기 위해서였다. 조정에서는 국가 사절로서의 체면과 위신을 세우고 일본에 대한 문화적인 우월성을 한껏 자랑하기 위해 인물의 선발에 각별한 주의를 기울였다.

스님의 설명으로 남강의 시를 감상한 뒤 방 바깥을 살펴보니 정원에 작은 연못이 하나 있다. 연못은 세월의 힘 앞에는 어쩔 수 없었던지, 아니면 그때의 연못이 아닌지 물도 마르고 수초도 보이지 않아 초라한 모습이었다.

혼간지 하치만 별원은 조선통신사가 에도 사행길에 조선인가도(朝鮮人街道)를 지나면서 매번 들러 쉬면서 점심을 먹었던 곳이다. 그것도 통신사의 삼사 등과 상관(上官)으로 구성된 본진(本陣)이 머물렀던 주요 휴식처였다. 중관(中官)급은 교카이도(京街道) 이케다(池田) 우체국 옆 정토종 사원인 쇼에이지(正榮寺)에, 하관(下官)급은 다마키초(玉木町)에 있는 렌쇼지(蓮照寺)에서 쉬었다고 가즈키 스님의 설명이 이어졌다.

일본의 사찰은 우리나라의 절처럼 번잡한 속세를 떠나 산속에 홀로 있는 경우가 드물다. 물론 버스를 대절해 왁자지껄 찾아가는 관광객도 눈에 띄지 않는다. 더구나 이런 작은 도시에 있는 절은 특별한 날이 아니면 여간해서는 참배객을 찾기조차 어렵다. 그래서 경내는 너무 조용하고 오히려 을씨년스러운 숙연함이 표표히 떠돌고 있다. 400년 전의 통신사 접대로 인한 어수선함과 번잡함은 상상할 수 없을 정도였다.

절의 본당에는 '호수의 나라 불법(佛法)을 지키는 성(湖國法城)'이라는 편액이 온몸에 황금 칠을 하고 떡 하니 걸려 있다. 고색창연한 본당과 종루(鍾樓), 산문, 새로 중수한 여러 부속 건물로 이뤄진 혼간지 하치만 별원은 그 옛날 우리 통신사가 머물렀을 정도로 제법 규모가 있었음을 일러주고 있었다.

3. 일본 내 유일한 통신사 거리, 조선인가도

조선통신사가 한성에서 에도까지 갔다 돌아오는 거리는 약 4,700여 km. 흔히 '수륙(水陸) 1만 리'라고 부르는 먼 길이다. 이들은 왕복 여정 곳곳에서 시문창수(詩文唱酬)를 하며 우리의 우수한 문화를 일본에 전파했다. 막부의 쇄국정책 아래서 일본인들은 이런 통신사 행렬을 짧게는 8년, 길게는 28년 만에 한 번 정도 볼 수 있었다. 그러니 이들에게 일생에 한두 번 볼까 말까한 통신사 행렬은 이국적이고 진기한 볼거리임에 틀림없었다. 더군다나 통신사에게 글이나 그림이라도 얻는다면 그것은 곧 가문의 크나큰 영광이었다. 그래서인지 통신사가 사행길에 머문 여러 곳에는 많은 시문 작품이 남아 있다.

그러나 이들이 지나간 길을 두고 조선인가도(朝鮮人街道)라 부르는 곳은 일본 내에서도 딱 한 군데뿐이다. 바로 이곳 오미하치만에서 히코네에 이르는 길이다. 혼간지 하치만 별원을 나와 북쪽의 하치만 공원(八幡公園) 쪽으로 조금 걸으면 오미하치만의 중심가인 교카이도(京街道) 상점가가 나온다. 시골인데도 번화했던 옛 모습을 간직한 상가가 제법 잘 형성되어 있다.

이 거리에서 히코네까지가 바로 통신사들이 지나갔던 조선인가도이다. 오미하치만 시립자료관 앞에는 어른 허리 정도쯤 미치는 높이의 조선인가도 표지석이 서 있다. 이 표지석은 옛부터 있었던 것이 아니라 20여 년 전 한 일본인 연구자가 조선인가도를 답사하고 세워놓은 것. 가도(街道)라고 해봐야 도로의 폭이 고작 4~5m쯤

조선인가도 표지석 | 오래된 목조 가옥들이 옛 상인들의 집과 무가(武家)의 모습을 짐작하게 해준다.

될까. 소형차가 대부분인 일본에서도 차량 두 대가 서로 스쳐지나 갈 때 조심하지 않으면 안 될 정도로 좁아 보인다. 길은 포장이 잘 되어 있지만, 도로 주위의 집들은 거의 옛날 모습을 그대로 간직하고 있다.

교카이도 상점가 앞에서 마침 친구와 함께 자전거를 타고 지나가는 쓰쓰미 사카에(積榮) 씨를 붙잡고 물어봤다.

"실례합니다만 혹시 조선인가도에 대해 알고 있습니까?"

"그럼요. 이 길을 따라 시립자료관 앞으로 쭉 난 길을 바로 조선인가도라고 합니다."

오미하치만 시의 중심가인 교카이도 상가 모습 | 이 길에 연이어 히코네까지 쭉 뻗은 길이 조선인가도이다.

조선통신사 옛길을 따라 탐방을 하고 있다고 말하자 그는 반갑게 악수를 청한다. 자신은 화가라면서 근처 가이나미·스이쿄(街並·水鄕) 미술관에서 '국보 히코네 성 축성 400주년 기념 전시회'를 열고 있다고 한다. 올해가 조선통신사 일본 파견 400주년이니까 히코네 성은 첫 번째 조선통신사가 길을 나선 1607년에 건립되었으리라.

평소에도 느림의 미학(?)을 추구하는 필자답게 일행과 조금 떨어져 걸으면서 길에 대한 단상(斷想)에 잠겼다. 길은 인간이 살아가면서 반드시 걸어야 할 숙명의 노정(路程)이다. 예전부터 나 있는 자연적인 길이든, 아니면 인생에서 추구해야 할 철학적인 길이든 간에 말이다. 우리는 아스팔트 깔린 대로든 야트막한 언덕의 오솔길이든 길 위에서 신산한 삶을 살고 있다. 우리의 길은 아무리 어려워도 물처럼 흐르고 파도처럼 출렁거리면서 나아가게 되어 있다. 길은 우리네 삶의 길이기도 하지만 동시에 역사의 길이자 문화의 길이기도 하다. 그렇다면 조선인가도는 일본인들에게는 문화의 길이자 삶의 길일 것이다. 오늘 조선통신사의 옛길을 찾아나선 우리들에게 이 길은 조상에 대한 자긍심을 갖게 하는 역사의 길임은 두말할 나위도 없으리라.

도쿠가와의 에도 막부 시대에 교토에서 에도로 가는 길은 크게 두 갈래 간선 도로로 나눌 수 있었다. 도카이도(東海道)와 나카센도(中山道)가 그것으로, 도카이도는 말 그대로 동쪽 태평양 연안을 따라 북상하는 길이고, 나카센도는 중부 내륙 지방을 종단하는 길이다. 지금도 교토와 도쿄를 잇는 신칸센(新幹線)을 비롯해 몇몇 철길이 이 길을 따라 놓여 있다.

교토를 출발한 통신사 일행은 대개 오쓰에서 점심을 먹고 구사쓰(草津)에서 나카센도로 접어든다. 비와 호 동쪽 호반으로 난 나카센도는 오미하치만을 지나면서 갈라져 비로소 조선인가도가 된다. 조선인가도는 야스의 유키하타(行畑)에서 비와 호반을 따라 히코네의 도리이모토(鳥居本)에 이르는 40여 km의 길을 말한다. 통신사는 때로는 히코네 모리야마(守山)의 도몬인(東門院)에서 하룻밤을 지내고 이튿날 조선인가도를 따라 나고야(名古屋)로 길을 재촉했다.

원래 이 길은 교카이도(京街道) 또는 하마카이도(浜街道), 고쇼카이도(御所街道)라고 불렸다. 모두 천황이 있는 교토를 오가는 길이란 뜻이다. 후에 조선통신사가 통행하면서 일본인들이 조선인가도라 부르게 된 것이다.

이 길은 통신사뿐 아니라 도쿠가와 이에야스에게도 특별한 의미를 지니는 길이었다. 그것은 1600년 9월 도요토미 사후 천하의 주인을 가리는 세키가하라 전투에서 비롯되었다. 이에야스의 동군(東軍)이 도요토미 히데요시 측의 이시다 미쓰나리(石田三成)가 거느린 서군(西軍)을 격파하고 교토의 천황을 만나러 갈 때 이 길로 갔기 때문이다. 도쿠가와는 이 길을 시작으로 일본 역사에서 가장 평화롭고 찬란한 번영을 이룬 에도 막부 260여 년을 열게 된다.

이후로 이 길은 경사스러운 길(吉例の道)이라 하여 역대 쇼군이 천황의 거처가 있는 교토의 고쇼(御所)를 방문할 때만 이용했다. 당시 산킨고오다이(參勤交代)를 위해 에도를 오가는 지방의 번주인 다이묘(大名)조차 밟을 수 없는 쇼군 전용 도로였던 셈이다. 하지만 이 길은 전국시대 일본 통일의 기초를 다진 오다 노부나가가 야쓰 성을 축성할 때부터 정비된 것이라는 설도 있다.

조선통신사가 일본을 방문하던 때에 에도 막부는 쇄국정책으로 일관했다. 그런 와중에서 유일하게 막부와 교류를 하고 있던 나라는 조선과 지금의 오키나와(沖繩)를 기반으로 하는 류큐(琉球), 유럽의 네덜란드 정도였다. 이 가운데 조선과 류큐는 외교국이었고 네덜란드는 통상국이었다. 그러나 막부 측은 류큐 사신이나 네덜란드 상관장(商館長)이 에도로 쇼군을 만나러 오갈 때도 이 길을 통과하는 것을 절대 허용하지 않았다.

이 조선인가도는 1607년 첫 사절단이 일본에 왔을 때 다른 길이 아직 정비되지 않아 막부가 자신들의 위신을 고려해 좋은 길을 내줬고, 후에 이것이 관례가 되어 통신사가 지나가게 되었다는 얘기도 있다. 어쨌거나 이 길은 쇼군과 통신사만이 밟을 수 있는 길도(吉道)였던 것만은 틀림없는 사실이다. 더불어 막부가 통신사의 긴 여정에 이 길을 통과하도록 해 자신들이 자랑하는 천하의 명승지 비와 호를 볼 수 있도록 배려했던 것이라고도 볼 수 있다.

도쿠가와 막부는 조선인가도의 관리와 정비에 특별히 힘썼다. 막부는 통신사 일행이 도착하기 7개월 전부터 오미하치만의 도로 정비에 관한 지침을 시달하곤 했다. 도로를 평탄하게 하고 길가의 민가를 보수하며 가로수를 정비하라는 것 등을 포함하는 내용이었다. 그러나 이러한 도로 정비 비용이나 통신사 접대 비용은 모두 조선인가도 변의 마을들에 부과되었다. 그 부과금이 적지 않아 마을 사람들이 면제를 요구하는 문서 등이 제법 남아 있다. 오미하치만의 조선인가도 양 옆에는 세월의 더께가 고스란히 내려앉은 오래된 목조 기와집이 즐비하다. 도로를 따라 집들과 함께 늘어선 잘 가꿔진 소나무들도 옛 통신사 행렬을 구경하듯 듬성듬성 서 있어 정취를 더해주었다.

4. 일본의 배꼽, 비와 호

통신사는 교토를 출발, 오쓰에 당도하면서 왼쪽으로 보이는 비와 호의 경이로운 모습을 감상했다. 당시 통신사들은 일본을 방문하는 험난한 여정 중에서도 비와 호와 후지 산(富士山)만큼은 꼭 보고 싶어 했다. 한여름에도 하얀 만년설을 이고 있는 후지 산도 구경거리였지만, 중국의 동정호(洞庭湖)와 비견되는 비와 호는 통신사의 궁금증을 한껏 증폭시켰다. 그것은 자신들보다 앞서 일본을 다녀왔던 여러 사람들의 사행록(使行錄)에서 그 풍경의 경이로움을 읽었기 때문이기도 했을 것이다.

제1회 회담 겸 쇄환사 때의 부사 경섬은 『해사록』에서 비와 호를 "둘레가 800여 리이고 수면이 넓고 아득한데, 풍범선(風帆船)이 점점이 흩어져 있을 뿐 나룻가는 보이지 않는다"라고 묘사했다. 지금처럼 농지 확보를 위한 매립도 이루어지지 않았고 각종 선박과 인공 설치물이 없는 비와 호는 정말 커 보였을 것이다.

제3회 부사 강홍중(姜弘重)은 『동사록(東槎錄)』에서 "동정(洞庭)의 악양(岳陽), 일찍이 눈으로 보지 못했지만 경치의 뛰어남과 기세의 웅장함은 생각하기로 아직 여기에 미치지 못할 것이다. 안타깝게도 오랑캐 나라의 촌스러운 땅에 있어 문인재자(文人才子)가 품제(品題)로 쓰지 못한다"라고 쓰고 있다. 넓디넓은 비와 호가 왜인의 땅에 있어 조선 선비의 글 소재가 되지 못함을 애석해하면서 부러움을 나타낸 것이다.

비와 호의 서정 넘치는 절경을 가장 잘 표현한 이는 1719년(숙종 45년) 제9회 통신사 제술관이었던 신유한(申維翰)이다. 그는 비 오는 가을날 흥취에 젖어 가마를 타고 가다 왜인들이 저것이 비와 호라고 수런거리는 말에 발〔珠簾〕을 걷고 호수를 바라보았다.

시원하고 넓어서 가히 보이지 아니하였는데, 먼 산이 물을 안 아서 굽이굽이 만(灣)을 이루었다. 원근의 어선이 누런 갈대, 푸른 대(竹) 사이를 출몰하였다. 저녁노을과 외로운 따오기가 물결과 함께 오르락내리락 하였다. 둘레가 400리인데, 중국의 동정호와 겨눌 만하였다. 나는 악양루에서 보는 것과 이곳에서 보는 것 중 어느 것이 더 나은지 알지 못하였다. 본시 형상이 비파와 같으므로 비파호라 하였으며, 또 땅이 근강주(近江州)에 속하였으므로 일명 근호(近湖)라 한다. 호숫가에 분벽(粉壁)으로 된 성문루가 솟아나와 있었는데, 이름을 선소성(膳所城)이라 한다. …… 나는 어떤 오랑캐가 이 좋은 강산을 맡았는고 하고 탄식하며 갔다. - 『해유록(海遊錄)』

신유한은 또 "이번 걸음에 이미 근강주 100여 리를 밟았는데, 강산의 아름다움을 보니 간 곳마다 그림 같아서 실로 다른 땅과는 다르다"라며, 오미하치만과 비와 호의 경치를 높이 샀다.

비와 호는 오미하치만에서 히코네까지 달리는 차창에서 끊임없이 나타났다 사라졌다를 반복했다. 호수의 물결이 조금 거칠게 밀려왔다면 마치 해안선을 끼고 달리는 듯한 착각에 빠질 정도였다.

탐방단이 저녁 무렵 도착한 히코네의 숙소에서는 객실에서도 비와 호의 생생한 경치를 감상할 수 있었다. 아침 일찍 떠오른 태양이 호수 저편으로 하루를 마감하는 모습은 그야말로 장관이었다. 필자는 지금 살고 있는 21층 아파트에서 부산 백양산과 금정산에 걸쳐 있는 석양을 가끔 바라보곤 한다. 그런데 이국의 호숫가에서 하늘과 바다 같은 수면을 비추며 물들이는 저녁노을은 보는 이에게 훨씬 커다란 감동을 주었다. 매년 탐방단과 동행하면서 기록하고 있는 사진가 문진우 선생은 카메라에 비와 호의 노을을 담기에 바빴다.

언젠가 중앙아시아 키르기스스탄에서 길이 140km, 너비가 80km나 되는 이식쿨(Issyk-Kul) 호수를 본 적이 있다. 톈산 산맥(天山山脈)의 만년설을 배경으로 하는 이 호숫가에 서서 이것이야말로 육지 속의 바다라고 하염없이 되뇌었다. 제주도의 3.5배나 되는 이식쿨 호수를 보았는데도 눈앞에 펼쳐진 비와 호의 크기는 여전히 엄청났다. 사람들은 자신의 두 눈으로 직접 보지 않은 것은 좀처럼 믿지 않는 습성이 있다. 비와 호보다 큰 것을 보지 못하면 이게 정말 세상에서 가장 큰 호수로 알게 될 것이다.

일본 최대의 호수인 비와 호는 면적이 670.33k㎡, 둘레가 241km로 시가 현 면적의 6분의 1을 차지하고 있다. 쉽게 말해 서울시보다 더 넓다면 그 크기를 짐작해볼 수 있으려나 모르겠다. 「호수수질보전특별조치법」 지정 호수로 람사조약에도 등록된 국제적인 습지이기도 하다. 러시아의 바이칼(Baikal) 호와 탄자니아 등 아프리카 4개국에 걸쳐 있는 탕가니카(Tanganyika) 호에 이어 세계에서 세 번째로 오래된 호수로 알려져 있다. 약 400~600만 년 전인 신생대 3기에 생겨난 단층호(斷層湖)로 당시에는 지금보다 더 넓었다. 조몬 시대(繩文時代)와 야요이 시대(彌生時代)부터 주요 교통로로 이용되었고, 지금도 당시의 목선(木船) 조각이 호수 주변에서 출토되고 있

비와 호 위성사진

다고 한다.

비와 호는 고대에는 도시에서 가까운 담수호로서 근담해(近淡海 : 지가쓰아후미)로 불렸다. 일본 역사서인 『고사기(古事記)』에는 담해의 호(淡海の湖 : 아후미노우미)라고 불리다가 측량 기술이 발달한 에도 시대 중기 이후에 호수의 모양이 비파와 비슷하다고 비와 호라는 명칭이 정착되었다.

당시에는 교토 지방과 호쿠리쿠(北陸) 지방을 연결하는 중요한 수로였다. 현재는 교토, 오사카, 고베(神戶) 지방의 상수도, 공업, 관개용수로 이용되고 있는 일본의 생명과 산업의 젖줄이다.

5. 정성 가득한 통신사 접대상

도쿠가와 막부가 통신사에게 오미하치만을 통과하도록 한 것은 자신들의 풍족한 생활을 보여주기 위해서였을 것이라는 것은 이미 밝혔다. 현대적인 표현을 빌리자면 발달한 도시와 풍족한 물량으로 통신사의 기를 팍 꺾어놓자는 의도였는지도 모른다.

통신사가 일본을 몇 차례 왕래했을 때 에도 막부는 오랜 평화와 번영의 시기를 구가하고 있었다. 농업생산이 비약적으로 늘었고 수공업과 상업도 상당히 발달했던 시기였다. 에도 시대에는 '밥 먹고 전쟁만 치르던' 전국시대와는 비교가 되지 않을 정도로 모든 면에서 풍족한 생활상을 보여주고 있었다.

막부는 통신사의 향수와 여정을 위로하기 위해 오미하치만에서도 갖은 정성과 진수성찬으로 대접했다. '고치소이치반(御馳走一番)'이었다는 히로시마 번(廣島藩)의 시모카마가리(下蒲刈)에서의 대접과 비교해도 전혀 손색이 없는 것이었다.

탐방단을 맞은 오미하치만 시립자료관 가와우치 미요코(河內美代子) 관장은 이곳에는 조선통신사 접대 기록이 남아 있다고 설명했다. 오미하치만에는 1764년 통신사행을 맞아 그들을 접대한 목록이 있으며, 그 기록에는 당시의 식단은 물론 숙소별 접대를 담당한 일

본인들의 이름까지 상세하게 기록되어 있다는 것이다. 식단은 각 회마다 다소 차이가 있었다. 최근 오미하치만 시에서 발행한 조선통신사 자료 『하치만 산의 잔치(八幡山の宴)』에 따르면 숭어알 말린 것, 전복 등 지금도 고급 식재료로 꼽히는 것들이 통신사의 상에 올랐다고 한다.

 오미하치만에는 도자기를 만드는 시카라키야키(信樂燒)가 있어 이곳에 통신사 접대용 그릇을 특별 주문해서 사용했다. 시카라키야키는 후에 일본의 6대 가마 중 하나가 된다. 이곳에서 만드는 그릇은 유약을 사용하지 않고도 유약을 바른 것 같아 유명하다. 이 시기에 오미하치만에서 주문해 만든 그릇은 조선에서 사용하던 백자와 비슷한 것으로서, 당시 이곳에서 생산되었던 회색 자기와는 커다란 차이가 있는 고급 식기였다. 통신사의 첫 기착지인 쓰시마 번에서도 접대용으로 주문해갈 정도였다고 한다.

 이는 조선에서와 비슷한 분위기의 상차림으로 통신사가 편안하게 식사를 할 수 있도록 배려한 오미 사람들의 마음이었다. 남아 있는 기록에 따르면, 오미하치만에서는 통신사가 올 때마다 일부러 시카라키야키에 이런 식기를 새로 만들어서 준비했다고 한다. 오미하치만의 통신사 환대는 도자기의 고향인 조선에서 온 사람들에게 일본 고요(古窯)의 하나인 물의 나라[水國] 도자기에 정성스럽게 음식을 담아 대접함으로써 다른 곳과는 차별을 둘 수 있었다. 식기들은 옛 기록을 참고로 복원되어 시가 현 시카라키초(信樂町)에 현재 남아 있는 조선통신사 접대에 사용된 식기와 함께 오미하치만 시립자료관, 오미하치만 시청, 오하타초 자료관 등에 나뉘어

시카라키야키에서 주문해 만든 조선통신사 접대용 식기 | 당시 조선에서 일상적으로 사용하던 백자임을 쉽게 알 수 있다.

전시되어 있다.

시립자료관에는 통신사 접대 음식 연구자인 미요코 관장의 통신사 접대 상차림도 일부 복원하여 전시해놓고 있다. 우리 선조들이 즐겨 먹었던 꿩, 도미, 문어 등이 눈에 띄어 이채로웠다. 그런데 찬찬히 살펴보면 통신사를 접대했던 상(床)의 기단 부분이 보통의 상과는 조금 다르다는 것을 알 수 있다. 미요코 관장의 설명에 따르면 에도 시대에는 상의 기단 구멍 수로 접대받는 사람의 신분을 나타냈다고 한다. 당시 천황의 밥상은 기단 구멍이 네 개였고 쇼군과 조선통신사의 것은 세 개였다. 이것을 보더라도 막부가 이들의 접

오미하치만 시립자료관에 재현되어 있는 조선통신사 접대 상차림 | 지금도 고급 식재료인 전복, 바닷가재 등이 올랐다는 것을 알 수 있다.

대에 얼마나 지극 정성을 쏟았는지 알 수 있다. 이 구멍은 또한 음식을 나르는 사람이 발밑을 보기 위한 것이기도 했다.

이 외에도 자료관에는 우락부락한 얼굴의 기와 인형이 있다. 높이 61cm의 이 인형은 당시 이곳을 지나는 조선통신사 일행 중 군관이나 기수의 모습을 본떠 만든 것으로 추측된다. 옛날 일본의 민간신앙에서는 주택의 어느 한 곳에 이런 인형을 모셔두고 나쁜 기운을 피하려는 풍습이 있었다. 전시관에는 당시 통신사를 현대적으로 해석한 다양한 모양의 인형도 전시되어 있다.

조선통신사 일행의 모습을 본떠 만든 오미하치만의 기와 인형 | 옛 일본 민간신앙에서는 벽사(辟邪)를 위해 이런 인형을 집 한구석에 세워두었다.

6. 신용을 중시한 오미 상인의 발상지

오미하치만은 신용을 첫째 덕목으로 삼는 오미 상인의 발상지로 유명한 곳이다. 에도 시대에 이들은 도쿄와 홋카이도(北海道) 등 일본 전국 각지를 무대로 활동했다. 멀리 동남아시아의 안남(베트남)과 샴(태국) 등 해외에까지 나가 활약한 사람도 있을 정도다.

오미 상인 중 가장 대표적으로 손꼽히는 인물은 니시카와 이우

에몬(西川利右衛門)으로, 그의 집안은 약 300년간 상인으로 활약했다. 그는 가게 이름을 '오분지야(大文字屋)'로 짓고 모기장과 이곳 특산인 돗자리 등을 팔아 호상(豪商)의 지위에 오른 인물이다.

그의 집은 옛 니시카와 주택(西川住宅)으로 현재 시의 중요문화재로 지정되어 있다. 당시 상인들의 장부와 상거래, 생활 모습이 잘 재현되어 있다. 집 안을 둘러보니 부엌이 일본의 전통적인 부엌과는 조금 다른 우리나라의 전통적인 부엌 모습과 흡사한 것에 눈길이 갔다.

오미 상인은 물건이 부족한 틈을 타 가격을 올리는 등의 부도덕한 장사는 절대 하지 않았다. 그들은 항상 많은 사람들에게 사랑받

옛 니시카와 주택 | 당시 상거래와 생활상을 알 수 있는 다양한 자료가 전시되어 있다.

는 존재가 되기 위해 남다른 노력을 기울였다. 마을에 다리를 놓거나 신사불각(神社佛閣)을 건립할 때는 아낌없이 기부금을 선뜻 희사하는 등 지역사회의 발전에도 발 벗고 나섰다. 이들이 거주했던 오미하치만의 신마치(新町)와 나가하라초(長原町) 지역에는 당시의 격자문을 한 집이 아직도 그대로 남아 있다. 또한 이들 가옥에는 화재 때 옆집으로 불이 번지는 것을 막기 위한 일종의 방화벽인 우다쓰(うだつ)도 잘 보존되어 있다. 이 집들은 역사적 거리 경관을 잘 보존하고 있어 중요 전통건조물군 보존지구로 지정된 오미하치만의 대표적인 볼거리이다.

옛 니시카와 주택의 휘호 | '먼저 명분을 생각하고 뒤에 이익을 취한다〔先義後利〕'라는 오미 상인의 상거래 철학을 보여준다.

경남 밀양시와 자매결연을 하고 있는 오미하치만은 먹고 마시며 요란스럽게 즐기는 관광지는 아니다. 아담한 옛 건물과 조용한 거리에 깊이 뿌리 내리고 살아가는 지역 주민의 근면하고 조화로운 생활에서 옛 정취를 가슴으로 조용히 느낄 수 있는 곳이다. 이제 인근 지역의 급격한 산업화와 도시화로 예전과 같은 영화는 누리지 못하지만, 오미하치만은 풍부한 농산물과 유구한 역사로 여전히 건재한 곳이다.

글로벌 시대 동북아시아에서 한국과 일본이 함께 가야 할 길은 여전히 멀고 길다. 길이 먼 것은 제쳐두고라도 어렵고 험난하기조차 하다. 그러나 조선통신사의 길을 탐방하면서 가만히 생각해보니 그리 어려워 보이지만은 않았다. 애증의 세월이 더 돈독한 정을 쌓게 만드는 법. 한·일 두 나라가 이런 역사를 바탕으로 민간 차원의 교류를 확대시켜 나간다면 언젠가 성신교린(誠信交隣)의 옛 통신사 정신이 되살아나지 않겠는가?

참고자료 2 조선통신사 파견

회	서기년도	조선년대	일본년대	정사	부사	종사관	인원
1	1607년	선조 40년	게이초(慶長) 12년	여우길	경 섬	정호관	467명
2	1617년	광해군 9년	겐나(元和) 3년	오윤겸	박 재	이경직	428명
3	1624년	인조 2년	간에이(寬永) 원년	정 립	강홍중	신계영	300명
4	1636년	인조 14년	간에이(寬永) 13년	임 광	김세렴	황 호	475명
5	1643년	인조 21년	간에이(寬永) 20년	윤순지	조 경	신 유	462명
6	1655년	효종 6년	메이레키(明曆) 원년	조 형	유 창	남용익	488명
7	1682년	숙종 8년	덴나(天和) 2년	윤지완	이언강	박경준	475명
8	1711년	숙종 37년	쇼토쿠(正德) 원년	조태억	임수간	이방언	500명
9	1719년	숙종 45년	교호(亨保) 4년	홍치중	황 선	이명언	479명
10	1748년	영조 24년	간엔(寬延) 원년	홍계희	남태기	조명채	475명
11	1763년	영조 39년	메이와(明和) 원년	조 엄	이인배	김상익	472명
12	1811년	순조 11년	분카(文化) 8년	김이교	이면구		336명

아메노모리 호슈는
1728년 대(對)조선 외교 지침서인
『교린제성(交隣堤醒)』을 지었다.
그는 이 책에서 교류에서 가장 유념해야 할 사항으로
조선의 풍속이나 관습을 이해하는 것을 꼽았다.
상대방에 대한 존경과 배려를 강조한 것이다.

제4장

성신의 의미 되살린 히코네

— 최화수

1. 통신사의 시흥 자아낸 명승지

'2007 조선통신사 옛길을 따라서' 탐방단을 실은 호화 여객선 팬스타 호가 마침내 닻을 올리고 부산항을 떠나 오사카로 향했다. 참으로 오랜만에 여러 가지 기대로 가슴이 설레었다. 필자는 '조선통신사 옛길을 따라서' 탐방만 이번이 세 번째이고, 조선통신사 행렬 재현 등의 행사와 관련하여 일본을 찾은 횟수는 꽤나 많다. 그런데도 유독 이번 탐방에 가슴이 설레었던 것은 늘 그려보던 명승지를 찾아간다는 기대 때문이었으리라.

조선통신사의 역대 사행에 나섰던 이들은 일본의 경치로는 도모노우라(鞆浦)의 후쿠젠지(福禪寺)를 으뜸으로 꼽았고, 조선통신사를 안내한 쓰시마 번주는 음식의 경우 시모카마가리(下蒲刈)의 고치소(御馳走)가 으뜸이라고 했다. 그것을 증명이라도 하듯이 후쿠젠지에는 제8차 통신사의 종사관 이방언(李邦彦)이 쓴 현판 '일동제일형승

(日東第一形勝)'이 걸려 있고, 시모카마가리에는 조선통신사 자료관인 고치소이치반칸(御馳走一番館)에 통신사를 접대한 3탕 15찬 요리 등을 재현해놓았다.

그런데 1764년 사행의 정사였던 조엄(趙曮)은 『해사일기(海槎日記)』에서 일본의 최고 명승지로 후쿠젠지와 스루가(駿河)의 세이켄지(淸見寺), 스리하리(榴針) 고개 위의 망호루(望湖樓)를 꼽고 있다. 이 셋 가운데 필자는 지난해 도모노우라를 찾았고, 올해 5월에는 조선통신사 400주년 행렬이 재현된 세이켄지를 찾았었다. 세이켄지가 있는 시즈오카 현(靜岡縣) 시미즈 시(淸水市)에서 조선통신사가 예찬했던 후지 산(富士山)을 올려다본 것은 물론이다.

망호루에서 조망하는 일본 최대의 호수 비와 호(琵琶湖)의 아름다움이 또 하나의 최고 명승지라는 것이다. 역대 조선통신사들은 망호루에서 비와 호의 환상적인 정경을 지켜보며 즉흥시를 읊었다. 조엄의 『해사일기』 중 한 부분만 보자.

> 100여 리의 호수가 한눈에 들어왔다. 호수 빛은 맑고 산색도 수려했다. 저녁노을이 기울면서 고깃배가 돌아왔다. 왼편 산록으로는 가는 모래가 수면에까지 펼쳐졌고, 그 일대의 짙은 숲은 수십 리를 뻗어 있었다.

조선통신사의 옛길을 따라가는 이번 탐방 중에는 오미하치만(近江八幡)에서 히코네(彦根)까지 이어진 '조선인가도(朝鮮人街道)'를 따라가며 비와 호를 보게 된다. 또한 히코네는 조선통신사에게 음식

비와 호의 아름다운 일몰

접대를 가장 융숭하게 한 곳이다. 음식의 맛은 시모카마가리가 으뜸이었지만, 음식을 융숭하게 대접한 곳으로는 히코네가 최고였다고 한다. 이만하면 그동안 세 차례의 답사 중에서도 이번 발길이 가장 신바람이 나는 충분한 이유가 아닐까?

일본의 수많은 경승지 가운데 특별히 비와 호를 마음 한편에 새기게 된 것은 2006년 4월 22일 연세대학교 상남경영원 2층 세미나실에서 열린 '조선통신사 춘계국제학술심포지엄'이 계기가 되었다. 조선통신사의 성신교린(誠信交隣)에 크게 기여한 아메노모리 호슈(雨森芳洲) 기념관의 히라이 시게히코(平井茂彦) 관장에게서 비와 호 얘기를 듣게 된 것이다.

조선통신사를 이야기할 때 빼놓을 수 없는 인물이 아메노모리 호슈이다. 조선통신사가 일본 땅에 첫발을 들여놓는 쓰시마 섬(對馬島)에 그의 묘소가 있다. 2005년 8월 '조선통신사 옛길을 따라서' 첫 번째 탐방에 나섰을 때 찾은 그의 묘소는 이즈하라(嚴原)의 작은 사찰인 조슈인(長壽院) 뒤쪽 산꼭대기에 고즈넉이 자리하고 있었다. 20대 초반부터 88세로 천수를 다할 때까지 선린지교(善隣至交)의 정신으로 한국과 일본 두 나라를 잇고자 애쓴 그에 대한 감동과 여운은 날이 갈수록 깊어만 간다.

그런 호슈의 고향 마을이 바로 비와 호 부근에 있다고 한다. 아, 이 얼마나 가슴 벅차고 마음 설레는 일인가. 호수 둘레가 무려 400리로 중국의 동정호(洞庭湖)와 그 경승을 다툴 만하다는 비와 호, 그리고 통신사에 대한 접대를 가장 성대하게 했다는 히코네의 소안지(宗安寺)와 조선인가도를 둘러보고, 아메노모리 호슈의 고향 마을까지 찾는 답사 일정에 흥분이 앞설 수밖에 없었다.

2. 비와 호와 망호루

조선통신사의 대미를 장식한 계미사행(癸未使行, 1763~1764년의 계미사행은 11차 사행으로 12차 사행이 쓰시마 섬에서 그친 탓에 사실상의 마지막 사행이었다)의 기록이 2006년 이화여대 한문학 전공자 네 명에 의해 네 권의 책으로 번역되어 나왔다. 그 가운데 하나가 성대중(成大中)의 『일본록(日本錄)』을 옮긴 것으로, 책 이름이 『부사산 비파호를 날듯이 건너』이다. 물론 부사산은 후지 산이고, 비파호는 비와 호의 우리말 표기이다. 남옥(南玉)의 『일관기(日觀記)』는 『붓끝으로 부사산 바람을 가르다』라는 제목으로 번역되었다.

네 권의 책 이름에 후지 산이 두 번, 비와 호가 한 번 들어 있다. 이것만 보아도 조선통신사에게 후지 산과 비와 호가 얼마나 큰 관심사였는지를 짐작할 수 있다. 실제로 조선통신사는 후지 산과 비와 호를 가장 많이 보고 싶어 했다. 만년설을 머리에 이고 있는 후지 산의 웅자는 신비롭기만 하고, 비와 호는 워낙 넓어 그 끝이 보이지 않아 바다인지 호수인지 분간이 잘 안 될 정도이다.

1607년 도쿠가와 이에야스(德川家康)는 조선통신사가 세이켄지에 묵게 되자 금으로 장식된 자신의 전용 호화유람선 다섯 척을 특별히 제공하여 바다에서 후지 산을 구경하도록 배려했다고 한다. 조선통신사는 이 유람선을 타고 바다로 나가 후지 산의 절경과 주변 경관을 유람했다. 그 느낌이 어떠했을까. 2007년 5월 세이켄지 일대에서 열린 조선통신사 400주년 기념행사에서 우리는 니혼다이라(日本平)와 시미즈 역(淸水驛) 앞에서 만년설을 머리에 이고 있는 후지 산을 올려다보며 간접체험을 하기도 했다.

우리 탐방단은 전세 버스를 타고 오쓰(大津)를 조금 지났을 때부터 왼편 차창으로 나타나는 한 폭의 그림과도 같은 비와 호의 아름다운 정경을 지켜볼 수 있었다. 1719년(숙종 45년) 아홉 번째 통신사의 제술관(製述官)으로 사행에 참여했던 신유한(申維翰)은 일본에 다녀온 뒤 『해유록(海游錄)』이라는 탁월한 기행록을 남긴다. 그는 비와 호의 절경을 지켜본 감회를 다음과 같이 술회했다.

비가 왔다. 가마 안에 향로와 시집을 놓아두고 발 밖의 소슬하게 내리는 가을비 소리를 들으니 맑은 정취가 일어난다. 6~7리를 가니 왜인들이 비와 호가 보인다고 알린다. 발을 말아 올리고 바라보니 시원하게 툭 트인 것이 하도 넓어서 끝 간 데를 알 수 없다.

먼 산이 흐름을 껴안고 굽이굽이 만을 이루었다. 멀고 가까운 고깃배들이 갈대 사이에 나타났다 사라졌다 하고 물새들이 물결 따라 오르내린다. 이 호수는 둘레가 400리나 되어 중국의 동정호와 다툴 만하다. 악양루(岳陽樓)와 어느 것이 더 좋은지 알 길이 없다.

지난날 이 비와 호의 화려함을 더한 것이 제제 성(膳所城)의 청초한 자태였다. 하얀 벽과 돌담, 푸른 소나무가 호수 위에 비치는 모습은 조선 문인들에게 동경하는 중국 악양루의 모습을 뛰어넘는다고 생각하게 만들었다. 통신사들은 에도에서 돌아오는 길에 비와 호를 보면서도 갈 때만큼이나 크게 탄복하고는 했다. 일행은 귀로에 오가키(大垣)에서 일박하고 히코네에 도착하기 직전 스리하리 고개의 망호루에 들른다. 비와 호를 한눈에 내려다볼 수 있는 찻집이 있었다. 조엄은 『해사일기』에 이곳에서 바라본 비와 호의 정경을 다음과 같이 썼다.

누각의 왼쪽 언덕 밑으로 펼쳐진 수천 무의 논밭은 도모노우라나 세이켄지에서는 찾아볼 수 없다. 지난번 에도로 향할 때는 비가 내려 그냥 지나면서 보았는데, 이번에 올라보고서는 모두가 한결같이 감탄했다. 기분이 좋아 오래 앉아 있느라 날이 저무는 것도 몰랐다. 문사들은 각각 7언 절구 한 수씩을 지어 필담창화를 나누었다. 주인이 글씨를 얻겠다며 장정한 병풍을 가지고 나왔다. 비록 졸필이지만 괘념치 않고 써주었다.

조엄은 일본의 명승지 가운데 도모노우라와 세이켄지를 첫째로 꼽고, 망호루가 그다음이라고 썼다. 역대 통신사 일행은 이들 명승지에 관한 시와 서화를 많이 남겼다. 이는 에도 시대 조선과 일본의 문화 교류를 후세에 전하는 상징이기도 하다. 그러나 태평양전쟁 당시 식량 증산을 위한 간척사업으로 산 밑의 호수가 넓게 메워져 지금은 옛날과 같은 흥취는 찾기가 어렵다.

1985년 중앙일보 취재팀과 재일사학자 이진희 교수가 이 망호루를 찾았다. 망호당은 영업을 폐하고 있었는데, 한 부인의 안내를 받아 안으로 들어가니 넓은 마루와 호수를 향한 객실의 벽이 온통 옛 묵객의 글과 그림으로 장식되어 있었다고 한다.

문 위에 망호당이란 편액이 걸려 있고 난곡(蘭谷)이란 서명이 들어 있었다. 난곡은 1784년 통신사 때의 종사관 조명채(曺命采)의 호다. 이때의 정사 홍계희, 부사 남태기, 종사관 조명채 3인의 연작으로 된 시도 있었다. 옛 선인들의 체취가 물씬 풍기는 듯하다.

부인은 다나카(田中) 집안 서고에 아직도 옛글과 그림이 많이 보관되어 있다고 했다. 통신사가 이곳을 지날 때 글을 썼다는 얘기가 많이 나오는 것으로 미루어 우리 통신사의 유물이 많은 것은 당연한 일이다. 따라서 망호당은 우리의 문화를 일본에 전한 또 하나의 무대였다고 할 만하다. 그렇지만 재일사학자 강재언(姜在彦) 교수가 1991년 이곳을 찾았을 때는 망호루가 소실되어 그만 사라지고 없었다고 하니 안타깝기 짝이 없는 노릇이다.

3. 교토 감시한 요새, 히코네 성

7월 31일, 우리 탐방단은 비와 호를 한눈에 조망할 수 있는 호반에 자리한 호텔에 여장을 풀었다. 오미하치만에서 비와 호와 이어진 수로를 지켜본 데 이어 조선인가도를 따라 줄곧 비와 호를 차창 한편으로 흘려보내며 이곳에 닿았다. 비와 호는 참으로 넓었다. 너무 넓다 보니 바다인지 호수인지 구분이 안 될 정도였다. 호수 안에 섬이 있고, 그 섬에 150여 가구의 주민이 살고 있다고 하니 놀라지 않을 수 없다.

호텔은 비와 호의 진정한 매력을 보여주는 전망대와 같았다. 조선통신사는 히코네에선 소안지와 고코쿠지(江國寺) 등에 묵었다. 그런데 이들 사찰에선 비와 호가 바로 보이지 않는다. 그러니까 우리 탐방단은 조선통신사보다 더 좋은 곳에서 비와 호의 경승을 즐기면서 하룻밤 묵게 된 셈이다. 더구나 우리 일행은 조선통신사문화사업회 강남주(姜南周) 집행위원장의 '맥주 가든파티' 배려로 시흥(詩興) 못지않은 주흥(酒興)에도 젖을 수 있었다.

푸르게 펼쳐진 비와 호의 모습

　신유한의 『해유록』을 따라 1985년 비와 호를 찾은 중앙일보 답사팀은 비와 호에 대해 충격적인 사실을 다음과 같이 썼다. "호수는 신 공이 지나갈 때 본 같은 호수인데 지금은 물에 떠 있는 고깃배도, 물 위를 나는 물새도 찾을 수 없다. 공해 때문이라는 얘기다" (신성순·이근성 지음, 『조선통신사』, 중앙일보사, 1994). 하지만 우리는 아침 일찍 호텔 창문 밖으로 고깃배들이 한가롭게 떠다니는 아름다운 정경을 지켜볼 수 있었다.

　필자는 오미하치만에서 ≪비와즈통신≫ 여름호를 한 부 구했다. 이 소식지에 따르면 비와 호의 수변 환경 보전을 위해 다양한 사업이 진행되고 있었고, 여름방학을 이용하여 수채화 스케치 콩쿠르 등의 각종 이벤트도 열리고 있었다. 그런데 비와 호는 공업화 등의 여파로 1977년까지 적조현상이 나타나는 등 생태계가 심각한 위협에 직면했다고 한다. 시가 현 주민들은 합성세제를 쓰지 않고 생활하수를 버릴 때는 반드시 나일론 스타킹이나 채를 사용해서 걸러내는 등의 노력으로 비와 호를 되살려냈다.

8월 1일 아침 일찍 우리는 지척의 거리에 있는 히코네 성과 소안지 등을 찾았다. 히코네는 조선통신사가 에도를 오가면서 반드시 들렀던 곳이다. 이곳의 소안지에 삼사(三使)가 묵고 나머지 일행은 다른 사찰과 민가를 숙소로 이용했다. 히코네는 교토에서 나고야로 가는 길목의 교통 요충지로서 조선인가도의 종착지이기도 하다.

앞서도 말했듯이 이곳 히코네 번의 조선통신사 접대는 가장 융숭한 것으로 소문이 나 있었다. 병풍과 장막은 수려하고, 손을 씻는 그릇은 금 도금이며, 수저는 백은 도금이었다. 소안지의 접대역은 봉록 30만 석의 히코네 성주였다. 삼사의 숙사를 소안지로 한 것은 장소만 빌린 것이다. 히코네 번은 통신사가 도착하기 1년 전부터 숙사를 빌리기 위한 교섭을 벌였다. 또 통신사 일행이 묵는 동안에는 절의 승려 전원을 별원인 쇼묘인(稱名院)으로 옮기도록 했다.

히코네 성은 도쿠가와 막부가 천황이 살고 있는 교토를 감시하는 요새였다. 그런 만큼 막부는 직속 무사인 이이(井伊) 가문을 대대로 이곳 성주로 삼았다. 조선통신사는 가는 곳마다 성대한 접대를 받았지만, 특히 히코네 성주가 두드러지게 성의를 보였다. 그 배경에는 도쿠가와 이에야스 가문과 이이 가문의 이 같은 특별한 관계가 있었다. 1624년 사행 때는 에도에 출사 중이던 번주가 급히 영지로 돌아와 통신사 일행의 접대를 진두지휘하기도 했다.

히코네 성은 세키가하라 전투 이전부터 도쿠가와에 충성했고 막부에서 요직을 차지하며 정무를 관장하던 후다이다이묘(譜代大名)였던 이이 집안의 아성이었다. 1624년 통신사가 방문했을 때는 '도쿠가와 사천왕'의 한 사람이었던 이이 나오마사(井伊直政)가 성주였다. 그런데 1719년 신유한이 이곳에 왔을 때는 접대는 극진히 하면서도 에도에 가 있는 번주가 통신사 일행을 맞이하러 귀향하는 성의를 보이지 않았다. 일본 측의 조선에 대한 외교 자세의 미묘한 변화를 읽을 수 있는 대목이다.

4. 시공을 초월한 성곽 마을

히코네 시는 시가 현 중동부에 위치하며 비와 호 동쪽의 경제·문화 중심지이다. 이곳은 예로부터 교통의 요충지인데, 17세기 초부터 250년 이상에 걸쳐 대대로 장군직을 세습한 도쿠가와 이에야스의 가신으로서, 막부의 중책을 맡아 활약한 이이 가(家)의 성곽도시로서 발전해왔다. 마을의 상징물인 국보 히코네 성을 중심으로 많은 사적과 겐큐엔(玄宮園) 등의 아름다운 정원 등 찾아볼 곳이 아주 많다.

히코네 성은 아오모리 현(青森縣)의 쓰가루히로사키 성(津輕弘前), 효고 현(兵庫縣)의 히메지 성(姬路城), 나가노 현(長野縣)의 마쓰모토 성(松本城)과 함께 일본 4대 명성의 하나로 꼽힌다. 무엇보다 비와 호에서 직접 끌어낸 수로가 빙 둘러 있는데, 성의 둘레를 이중으로

히코네 성의 천수각

파 물이 흐르게 한 외호로 둘러싸인 성곽은 에도 시대의 모습을 거의 그대로 간직하고 있다. 옛 정취가 고스란히 살아 있는 성곽 마을 하나쇼부(花しょうぶ) 거리와 17세기의 마을을 재현한 유메쿄바시 캐슬로드(夢京橋城堡路)는 그야말로 수백 년의 시공을 넘나들며 자리하고 있는 듯하다.

   탐방단은 먼저 히코네 성을 찾았다. 이 성은 마치 아름다운 비와 호수 수면 위에 떠 있는 것처럼 환상적으로 보였다. 성의 두드러진 특징은 독특한 아름다움과 의장(意匠)을 자랑하는 천수각(天守閣)이다. 여러 양식을 교묘하게 조합하여 변화를 가미한 지붕은 다른 성의 천수각에서는 볼 수 없는 조화를 자랑한다. 외관 3층, 내부 3층의 소규모이지만, 천수각으로서의 위풍이 당당하다. 또한 1층에서

겐큐엔에서 올려다 보이는 천수각

3층까지 잇는 기둥을 사용하지 않고 층마다 따로 쌓아올린 것도 특징이다.

히코네 성은 초대 영주 이이 나오마사의 아들 이이 나오쓰구(井伊直繼)와 2대 영주 이이 나오타카(井伊直孝)가 20년에 걸쳐 축조한 끝에 1622년에 완성했다. 해발 136m의 곤키야마 산(金龜山)에 있어 곤키 성(金龜城)이라고도 한다. 성 입구에는 박물관이 있는데, 이이 가에 전래되어온 미술 공예품과 고문서 등을 3만 5,000여 점이나 소장, 전시하고 있다. 소장품은 검, 투구와 갑옷, 노(能), 그림, 고문서, 조도품 등 폭넓은 분야에 이르고 있다. 또한 다실(茶室)과 거실은 오래된 도면을 기초로 해서 목조건물로 복원한 것이다.

성의 북동쪽에 자리한 영주의 정원인 겐큐엔은 1677년 4대 영주인 이이 나오오키(井伊直興)가 만들었다. 중국 당나라 시대의 현종 황제의 이궁(離宮)을 본떠 만든 것으로 에도 시대 초기의 정원 모습을 그대로 간직하고 있다. 흔히 중국 악양의 소상팔경(瀟湘八景)과 비유하는 오미팔경(近江八景)을 본떠 나무와 암석을 배치했다. 이 정원 내의 산에 만들어진 호쇼다이(鳳翔臺)는 정원의 아름다움을 감상할 수 있는 좋은 장소이다. 다실에서는 차를 맛볼 수 있고, 연못 둘레의 산책로에선 천수각이 바로 올려다 보인다.

아침 일찍 성을 찾았는데도, 일본 각지에서 찾아온 많은 관광객이 줄을 지어 관람을 하고 있었다. 히코네 시의 여러 관계자들이 나와 탐방단을 깍듯이 맞아주었고, 성을 안내하며 자세한 해설을 들려주었다. 히코네 시는 올해 10월 첫째 주말인 7~8일 이틀 동안 '조선통신사 옛길의 축제'를 벌인다. 조선통신사 한·일 연고 도시 교류 대회와 조선통신사 한·일 문화 교류 진흥 간담회, 조선통신사 행렬 재현과 유적지 탐방 행사 등을 갖는다.

히코네 성에서 나와 조선통신사 삼사의 숙소였던 소안지로 가기 위해 유메쿄바시 캐슬로드를 따라 걸어갔다. 새로운 문물 속에 전통을 불어넣으려는 의도에서 에도 시대 성곽 도시의 모습을 재현한 거리가 바로 이곳이다. 옛 나카보리(中濠)에 걸쳐진 교 교(京橋)에서 남서쪽으로 이어지는 거리에 토산품점, 일본 과자점, 찻집 등이 늘어서 있다. 모든 건물을 하얀 벽과 그을린 기와 등으로 건물과 거리의 풍경을 통일해 에도 시대의 분위기를 자아내고 있다.

에도 시대의 풍정을 그대로 살려놓은 이 거리에서 조선통신사 행렬 재현 행사를 한다니, 상상만 해도 너무나 멋지고 신바람이 난다.

조선통신사가 탄 가마를 일본인이 메고 간다. 행렬을 완벽히 똑같이 재현하지 않는다고 해도 그들의 옛 문화에 우리가 얼마나 큰 비중으로 자리하는지를 깨닫게 해줄 것이다. 히코네 성을 비롯하여 에도 시대의 거리와 건물을 되살린 곳에서 조선통신사 행렬을 재현하는 것은 참으로 의미가 크지 않을 수 없다.

5. 구로몽과 〈조선고관상〉

8월의 태양은 히코네의 옛 거리도 사정없이 뜨겁게 달구었다. 기온도 높은데다가 햇살마저 강렬하여 숨이 턱턱 막힐 지경이었다. 탐방단은 삼사의 숙소였던 소안지에 도착했다. 소안지는 히코네 성의 남쪽 조선인가도에 면해 있는 절로서 에도 시대에는 절의 경내가 7,000평이 넘는 대가람이었다고 한다. 하지만 메이지 초기 배불정책으로 면적이 절반으로 줄어들어 현재에 이르고 있다.

소안지는 히코네 번주 이이 나오마사의 부인을 기리는 보제사(菩提寺)였다. 히코네 번의 접대가 호화로웠고 병풍의 장막이 수려하고 손을 씻는 그릇은 금 도금이었다는 바로 그곳이다. 조엄이 『해사일기』에 "사람과 물자의 번성함, 저잣거리의 은성(殷盛)하고 풍족한 모양은 오사카에 버금간다"라고 기록한 곳이기도 하다. 이 사찰에는 특이한 문(門)이 하나 있다. 사찰 정문에서 남쪽으로 10m 떨어진 곳에 따로 나 있는 구로몽(黑門)이 그것이다.

조선통신사에 대한 대접이 아주 융숭했던 히코네는 삼사에게 육

소안지

소안지의 구로몬

류 등 특별한 음식을 접대하는 것을 당연하게 생각했다. 그런데 사찰의 정문으로 육류를 반입하는 것이 무엇하다고 하여 따로 작은 문을 만든 것이다. 구로몽이란 이름이 붙은 것은 이 문이 검게 칠해져 있기 때문이다. 그런데 그 사이 이 문에 대해 일부 오해가 있었다. 옛날 일을 잘 모르는 소안지 측에서 조선통신사가 조공사(朝貢使)이기 때문에 절의 정문을 드나들지 못하고 따로 구로몽을 내어 이곳을 이용했다는 안내문을 세워놓은 것이다.

재일사학자 이진희 교수 등이 이 안내문 간판을 발견하고 조선통신사의 의의와 내력, 그리고 당시 히코네 성에서 통신사 일행을 얼마나 정성을 들여 융숭하게 대접했는지를 설명하고 잘못된 안내문을 고치게 했다. 그러나 사찰 측은 꽤 오랫동안 안내간판을 시정하지 않고 있다가 나중에야 이를 고쳤다. 어쨌거나 구로몽은 당시의 조선통신사의 위상이 얼마나 대단했던가를 보여주는 하나의 예라고 하겠다.

소안지는 삼사의 숙소답게 넓고 깨끗했다. 다케우치 신도(竹內眞道) 주지스님은 탐방단이 온다는 소식에 많은 준비를 하고 기다리고 있었다. 제12회 한일불교학술회의에서 주제발표 논문이었던「히코네의 조선통신사 접대에 관하여」를 요약한 책자를 우리에게 일일이 나눠주며 소안지와 조선통신사의 오랜 인연에 관해 많은 이야기를 들려주었다.

게다가 신도 스님은 뜻밖에 좋은 선물을 내놓았다. 이 사찰이 오랫동안 보관해오고 있는 히코네 시 지정문화재〈조선고관상(朝鮮高官像)〉의 원본을 보여준 것이다. 우리는 사찰 뒤편의 은밀한 방으로

〈조선고관상〉

안내되어 두루마리에 그려진 세로 2m, 가로 1m의 대형 초상화를 직접 볼 수 있었다. 재일사학자 이진희 교수에 따르면 이 초상화를 소개한 사찰 안내 소책자에는 '조선국왕회상(朝鮮國王繪像)'이라고 표기되어 있었다고 한다.

하지만 이 초상화의 주인공은 학 두 마리가 수놓인 흉배(胸背)를 단 관복 차림이다. 이 흉배는 주인공이 조선조 문관 당상관(堂上官,

〈조선고관상〉을 설명하는 주지스님

정3품 이상)의 정장임을 뜻한다. 조선의 왕이라는 사찰 측 주장은 전혀 맞지 않는 것이다. 그런데 왜 당상관의 초상화가 삼사 숙소였던 사찰에 남아 있는 것일까? 통신사 일행이 가지고 와서 그만 놓아두고 간 것이 아닌가 하고 짐작될 뿐이다. 정사 가운데 누군가가 놓아두었을 가능성도 있다. 정사 조태억(趙泰億), 홍치중(洪致中), 홍계희(洪啓禧) 중 한 명일 것으로 추정되기도 한다.

이번에 이 초상화 원본을 우리 탐방단에 공개한 것은 나름대로 의미가 있다. 1985년 이진희 교수와 중앙일보 취재팀이 이 사찰을 방문하여 이 초상화 원본을 보여달라고 간청을 했지만 뜻을 이루지 못했다. 당시 주지 다케우치 젠신(竹內禪眞) 스님이 훼손될 우려가 있다고 거절했기 때문이다. 그 대신 주지의 아들 신도 스님이 원

고코쿠지 현판 편액

본을 찍은 사진 패널을 내다보여 주었다고 한다. 그 신도 스님이 이번에 우리 답사단에게는 원본과 사본을 함께 보여준 것이다.

다케우치 신도 스님은 "그 누가 찾아와 보여주기를 간청해도 결코 보여주지 않은 그림이다. 여러분에게만 특별히 공개하는 것이다"라고 거듭 강조했다. 그는 "우리 절에서는 정사가 숙박했고, 일대의 다른 사찰과 일반 주택 126채를 빌려 조선통신사 사행단과 일본의 역관 수행원들이 머물렀다"라고 덧붙였다. 우리 답사단은 소안지와 바로 이웃한 고코쿠지를 찾아 통신사가 쓴 편액을 살펴본 뒤 서둘러 다음 장소로 향했다.

6. 꽃과 잉어, 사물놀이의 환대

'조선통신사 옛길을 따라서' 탐방단은 히코네에서의 일정을 끝내고 비와 호 북동쪽 100리 거리에 있는 아메노모리 호슈의 고향 마을을 향해 발길을 재촉했다. 비와 호 주변 들판의 벼논은 한여름의 뜨거운 태양 아래 검푸른 빛으로 빛났다. 대절 버스 차창 밖으로 전형적인 농촌 마을 풍경이 잇달아 스치고 지나갔다. 일본이 아니라 마치 한국의 어떤 들판을 지나가는 듯한 느낌이었다.

호슈의 고향 마을은 조선통신사가 지나간 길은 아니지만 우리 탐방단으로서는 꼭 찾아가야 할 곳이었다.

"저는 아메노모리 호슈 선생님이 태어나신 비와 호 옆, '아메노모리'라고 하는 마을에서 태어났습니다. 마을에는 아메노모리 호슈 선생님을 기리는 '동아시아 교류하우스 아메노모리 호슈암(庵)'이라는 기념관이 서 있습니다. 지금 저는 그 호슈암의 관장을 하고 있고요. 여러 해에 걸쳐 호슈 선생님에 관여해왔던 제가 오늘 이렇게 한국 서울에서 호슈 선생님에 대해 얘기를 해드릴 수 있는 기회를 가지게 된 것은 저에게 커다란 영광이자 더할 나위 없는 기쁨입니다."

지난해 4월 22일 연세대학교에서 열린 조선통신사 춘계국제학술대회에서 '아메노모리 호슈와 조선통신사' 주제 발표에 나선 히라이 시게히코 관장이 처음 운을 떼던 말이 귀에 쟁쟁하게 들리는 듯했다. 아메노모리 호슈, 그는 조선과 일본의 성신교류를 위해 평생을 바친 아주 특별한 인물이다. 그의 고향에서는 1984년에 호슈를 기리는 기념관 '동아시아 교류하우스 아메노모리 호슈암'을 만들었다. 이곳에서는 호슈와 조선통신사를 다양한 방식으로 소개하고 있다.

비와 호 북동쪽 다카쓰키초(高月町)에 인구 500명이 사는 작은 마을. 그 이름은 '아메모리(雨森)' 또는 '아메노모리'로 불린다. 전형적인 농촌 마을로 특별히 눈길을 끄는 자연 경관은 없다. 그렇지만 마을로 들어서면서부터 "어서 오십시오" 등의 한글 간판이 반겨준다. 간판에는 '욘사마'와 '대장금'의 이미지도 들어 있다. 벼논으로 둘러싸여 있지만 마을 안은 온통 꽃의 천국이다. 집집마다 골목마다 백일홍, 베고니아와 같은 꽃이 활짝 피어 있다. 꽃이 먼저 반겨주는 아름다운 마을이다.

"좋은 사람들이 사는 곳에는 예쁜 꽃이 많은 법이지요." 마을 입구까지 마중 나온 시게히코 관장이 만면에 웃음을 띠고 말했다. 이 마을은 일본 전국을 대상으로 실시한 '마을 가꾸기 대회'에서 '일본의 아름다운 마을'로 선정되었다고 한다. 마을에는 꽃밭만 가꾼 것이 아니라 수차(水車)로 끌어올린 물이 도로 한 곁으로 흐르는데,

다카쓰키초의 모습

아메노모리 호슈암의 입구

거기에는 어른 팔뚝 크기의 잉어들이 노닐면서 방문객을 환영하는 것이었다.

아메노모리 호슈 기념관은 그의 생가를 손질한 것으로, 수많은 관련 자료가 비치되어 있다. 그의 저서와 글씨는 물론이요, 조선통신사 관련 자료도 다수 수집 전시하고 있다. 이 기념관을 찾는 이들은 호슈는 물론 조선통신사에 대한 다양한 지식을 알게 된다. 이곳에서는 20년 전부터 3박 4일간의 여름 홈스테이를 운영해오고 있는데, 지금까지 2,000여 명의 한국 청소년이 다녀갔다고 한다.

탐방단이 도착하자 기념관의 ㄱ자형 툇마루에 앉아 쉬게 한 뒤 차를 대접해주었다. 우리가 차를 마시는 동안 이 마을 초등학생 9명이 마당으로 나와 한국의 사물놀이를 공연하면서 환영하는 것이

아메노모리 호슈암의 내부

었다. 일본 어린이들이 우리의 전통 사물놀이로 한국인을 환영해주는 곳은 아마도 이 마을이 유일할 것이다. 한국에서 온 청소년들은 처음에는 사물놀이에 깜짝 놀랐다가 사물놀이 덕분에 이곳 어린이들과 친근하게 어울린다고 했다.

"8년 전부터 한국의 사물놀이를 배워서 환영 행사에서 하고 있습니다. 처음 사물놀이를 배웠던 어린이들이 어느새 대학생이 되어 있지요." 시게히코 관장은 단복을 곱게 차려 입고 흥겹게 연주하는 아이들이 자랑스럽다는 듯 말했다. 마을 어린이들의 사물놀이는 그 실력의 정도를 떠나 귀엽게 보였다. 우리 탐방단도 폭염이 안겨주는 맹렬한 더위조차 잊고 함께 손뼉을 치며 모두가 사물놀이에 빨려 들어갔다.

다카쓰키초 학생들의 사물놀이

7. "서로 속이지 않고 싸우지 않고"

아메노모리 호슈가 한국과 일본 양국에 크게 알려지게 된 것은 1990년 당시 노태우 대통령의 일본 방문이 계기가 되었다. 노 전 대통령이 일왕 주최의 만찬 연설에서 호슈가 남긴 '성신교린(誠信交隣)'이란 문구를 언급한 것이다. 시게히코 관장은 지난해의 심포지엄에서 "270년 전 조선과의 외교를 담당했던 호슈는 성의와 신의의 교류를 신조로 삼았고, 그의 상대역이었던 현덕윤(玄德潤)은 성신당(誠信堂)을 세워 일본 사절을 맞았다"라고 이를 설명했다. 노 전 대통령은 아메노모리 호슈를 내세워 미래 지향적인 한·일 관계를 강조하여 일본인에게 강한 인상을 남겼다. 호슈와 조선통신사에 대한 관심이 커진 것은 물론이다.

1668년 이 작은 시골마을에서 의사의 아들로 태어난 호슈는 어렸을 때 교토로 나와 의학과 유학을 배웠다. 1682년, 호슈가 16세 때 제7회 통신사가 왔다. 이때 교토에 있던 호슈는 통신사를 맞아 떠들썩했던 마을의 모습과 그 안내와 경호를 하고 있던 쓰시마 번의 모습, 그리고 학문 지도를 받고 있던 스승이 조선의 손님에게 시문을 보이고 칭찬받는 일 등을 접하면서 커다란 문화 충격을 받았고, 이때부터 조선에 대한 관심이 높아졌다고 한다.

호슈는 18세 때 교토 경학자의 큰 봉우리인 기노시타 준안(木下順庵)의 문하생이 되었다. 그는 '기노시타 문하의 다섯 선생'으로 꼽혔다. 그는 22세 때인 1689년, 준안의 추천을 받아 쓰시마 번에서 근무하게 된다. 이 일은 호슈가 평생에 걸쳐 조선과의 외교 업무에 종사하는 결정적인 계기가 된다. 호슈가 실제로 쓰시마에 들어간 것은 그가 26세 때인 1693년이었다. 그는 쓰시마의 이즈하라에서 조선과의 외교 업무에 종사했고, 1711년과 1719년 두 차례 조선통신사를 수행했다.

호슈는 20대에 나가사키(長崎)에서 중국어를 배웠고, 36세 때부터 3년간 부산의 초량왜관에 파견되어 조선어를 공부하여 두 외국어를 모두 능숙하게 구사했다. 부산에 머무는 동안 조선 역관을 위한 일본어 사전인 『왜어류해(倭語類解)』 편집을 도왔으며, 일본 역관을 위한 조선어 입문서인 『교린수지(交隣須知)』를 지었다. 그는 또 1728년에는 대(對)조선 외교 지침서인 『교린제성(交隣堤醒)』을 지었다. 그는 이 책에서 교류에서 가장 유념해야 할 사항으로 조선의 풍속이나 관습을 이해하는 것을 꼽았다. 상대방에 대한 존경과 배려를 강조한 것이다.

특히 지켜야 할 54가지 가운데 마지막 항목인 '성신(誠信)'에서는 "성신이라는 것은 진실한 마음을 갖고 서로 속이지 않고 다투지 않으며, 진실을 가지고 교제하는 것"이라고 했다. 그의 이런 뜻을 기려 세운 건물이 부산의 봉래초등학교 자리에 있었던 성신당(誠信堂)이다. 1711년 통신사 역관으로 호슈와 함께 일본을 찾았던 현덕윤은 19년 뒤 부산에서 그와 재회한다. 그는 사재를 들여 오래된 관청을 고치고, 건물의 이름을 성신당이라고 붙였다. 여기에 탄복한 호슈는 이를 전하기 위해 『성신당기(誠信堂記)』를 저술했다.

…… 성신(誠信)이라고 당에 이름을 붙였다. 이 당은 경치가 절경인 곳에 세워졌는데도, 경치에 관련된 것은 한 가지도 취하지 않고 성신이라는 이름을 붙였다. 교린의 길은 성신에 있고, 지금부터 훗날도 그렇게 되지 않으면 안 된다. 진실한 성의의 마음은 돼지나 물고기에까지 미치는 것이지만, 그 순간 그 장소에 한정된 성의는 아이도 움직일 수 없다. 이 당에 내려와 교린의 책임자가 된 사람, 이것을 깊이 생각하지 않을 수 없다.

호슈는 『교린제성』에서 조선인 귀무덤(耳塚)이야말로 도요토미 정권의 명분 없는 전쟁에 따른 폭거의 결과라면서 "일본의 불학무식(不學無識)을 드러낸 것"이라고 개탄했다. 준안의 같은 문하로 이에노부(家宣) 막부의 실력자였던 아라이 하쿠세키(新井白石)가 쇼군의 명칭을 '대군(大君)'에서 '일본국 국왕'으로 바꾸는 등 빙례(聘禮) 개혁을 할 때 호슈는 "그의 학문과 격식이 의심스럽다"라고 정면으로 비판하기도 했다. 1719년 아홉 번째 통신사의 제술관으로 일본에 다녀온 신유한(申維翰) 공은 "아메노모리 호슈는 일본인 가운데 가장 뛰어나고 걸출한 인물이었다"라고 평했다.

8. 옛날에도, 지금에도 최선을 다한다

아메노모리 호슈를 기리는 기념관을 찾으면 기대 이상으로 많은 것을 접하고 배울 수 있다. 20년 동안 한국 청소년 등을 상대로 3박 4일 동안의 홈스테이를 운영해온 히라이 시게히코 관장은 조선통신사 관련 슬라이드 등 교육 자료도 많이 확보하고 있었다. 호슈와 조선통신사 관련 도서와 고문서 등도 다수 확보하여 전시하고 있었다. 그는 우리 탐방단에게 호슈의 생애 등을 환등기를 통해 보여주며 열심히 설명했다. 오랜 홈스테이로 축적된 교육 자료의 충실함이 돋보였다.

시게히코 관장은 유머감각이 뛰어난 사람이었다. 재치와 익살을 섞어 시종 탐방단을 즐겁게 해주었다. 우리 일행 중에는 1711년 사행의 정사 조태억의 11대 후손인 조용식 씨가 있었는데, 시게히코 관장은 귀한 손님이 왔다면서 호슈의 저서인 『교린제성』 영인본 한 권을 증정했다. 조 씨 또한 조선통신사문화사업회가 준비한, 부산

시게히코 관장과 조용식 씨의 기념촬영

의 서예가 박후상 씨가 쓴 '성신교린(誠信交隣)' 족자를 시게히코 관장에게 선물했다. 두 사람은 환하게 웃으며 기념촬영을 했다.

다카쓰키초의 '동아시아 교류하우스 아메노모리 호슈암'은 비록 규모는 작지만 내실을 하나하나 다져간다는 점에서 주목할 만했다. 두드러진 자연 경관도 없는 평범한 농촌 마을에서 어떻게 이런 교류하우스가 운영될 수 있는지 의문스러운 것도 사실이었다. 무엇보다 이 작은 마을을 찾는 데는 교통편이 여간 불편한 것이 아니었다. 연전에 이곳을 찾았던 부산대학교 한태문 교수도 택시를 이용했고, 되돌아갈 때는 아예 무작정 걸어서 갔다고 한다.

우리는 시게히코 관장이 준비한 브리핑을 듣고 나서 여러 가지 질문을 했다. 그는 마치 초등학교 선생님처럼 우리의 질문에 하나 하나 친절하게 답변해주었다. 다음은 시게히코 관장과의 인터뷰를 요약한 것이다.

◉ 이곳에는 한국의 청소년들만 홈스테이를 오나요?

"그렇지 않습니다. 일본에 거주하는 한국인도 많이 찾아옵니다. 교토나 오사카에서 단체로 수학여행을 오는 학교도 늘어나고 있고요. 재일한인 가운데 연세가 많은 분들도 단체로 관광을 겸하여 찾아오시는데, 이곳에 들렀다가 여러 가지로 감동하여 눈물을 흘리는 경우도 적지 않았습니다."

◉ 한국에서 홈스테이를 온 학생들의 반응은 어떤가요?

"처음에 마을에 들어서면서는 도대체 이런 촌구석에 무엇 때문에 왔지 하는 표정이 역력했지요. 그런데 우리 마을 어린이들이 사물놀이로 환영을 하는 것을 접하고 먼저 놀라는 모습이었습니다. 사물놀이 때문인지, 조선통신사 때문인지 학생들은 이곳 어린이들과 아주 쉽게 어울려 지냅니다."

◉ 이 호슈암이 어떻게 해서 전국적으로 알려졌습니까?

"조선통신사가 일본에 널리 알려진 것은 30년 전부터입니다. 그때까지는 아메노모리 호슈도 잘 알려지지 않았지요. 조선통신사와 호슈 선생님을 알린 것은 조선통신사를 연구하신 고 신기수(辛基秀) 선생을 비롯하여 이진희 교수 등 재일사학자의 연구 노력의 결과로 봅니다. 또 1990년 방일했던 당시 노태우 대통령의 연설 속에서 호슈 선생을 소개한 것도 큰 도움이 되었습니다."

◉ 한국 청소년들이 여기서 홈스테이를 하고 난 후의 반응은 어

떤가요?

"우리는 매년 한국의 청소년들을 홈스테이로 맞아 문화 교류를 계속하고 있습니다. 한국으로 돌아가기 전에 앙케트를 받는데, 거의 모든 청소년들이 한국과 일본은 지금보다 더욱 사이좋게 될 수 있다고 긍정적으로 말하고, 그것을 위해서는 '서로의 문화를 이해해야 한다'라고 대답하고 있습니다. 참으로 좋은 반응입니다."

◉ 앞으로 호슈 기념관을 어떻게 운영해나갈 생각이신가요?

"조선통신사를 비롯하여 한국과 일본의 두 나라 선인들은 양국의 문화 교류와 평화 증진을 위해 그 옛날에도 최선을 다했지요. 우리들 또한 그런 역사를 공부하면서 아메노모리 호슈와 현덕윤의 성신의 뜻을 이어받아 한·일 문화 교류 증진에 이바지하려고 합니다. 우리도 최선을 다할 것입니다."

그렇다. 지난날 부산에 세웠던 성신당의 정신이야말로 한·일 두 나라의 우호 증진과 조선통신사의 의미를 오늘에 되살리는 의미가 아닐까 한다. 시게히코 관장의 말처럼 그 옛날 선인들이 최선을 다했듯이 지금도 최선을 다하는 것이 중요할 것이다.

 국서를 손에 받들고 바닷길 향하여
 이 몸 몇 번이나 죽었다가 살았던고
 오늘에야 배를 매니 참으로 꿈만 같구나

1420년 조선통신사 송희경(宋希璟)이 귀국하던 중 9개월이나 걸린

이 여행이 얼마나 험난했는지를 노래한 구절이다. 다른 통신사들의 여정도 마찬가지였을 것이다. 하지만 그 여정은 험난했으되 조선통신사는 조선과 일본 두 나라 사이에 200년 동안 전쟁이 아닌 평화 시대를 열어주지 않았던가. 조선통신사의 발자취를 오늘날 다시 되살리는 이유도 바로 여기에 있으리라.

그동안 일그러진 한·일 관계를 매번 언급하면서도
상대를 진심으로 이해하고자 하는 의지는 서로가 부족했다.
오가키는 통신사가 지역에 전한 선진 문화를
적극적으로 받아들여 의학이든 민속 축제든
자기 계발의 계기로 삼고 있고,
나아가 그 역사적 의미를 오늘날까지 계승하고 있다.

제5장

― 한태문

조센야마에 깃든 통신사의 숨결, 오가키

1. 스리하리 고개의 망호당

　다카쓰키초(高月町) 학생들이 '동아시아 교류하우스 아메노모리 호슈암'에서 펼친 사물놀이 공연의 여운을 뒤로한 채 버스에 올랐다. 따갑게 내리쬐는 햇살 아래 연신 아쉬운 손길을 흔들며 호슈암의 히라이 시게히코(平井茂彦) 관장이 서 있다. 귓가에 맴도는 사물놀이의 여운과 관장의 하늘거리는 작별의 손짓이 점점 멀어진다. 다음 노정은 오가키(大垣). 통신사가 12차례의 사행 중 무려 10번이나 머물렀던 곳으로 통신사와의 인연이 깊은 고장이다.
　비옥한 노비 평야(濃尾平野)의 서북단에 위치한 기후 현(岐阜縣) 소속의 21개 시 가운데 하나로 일본 열도의 거의 중간에 위치한 오가키는 총면적 206.52km², 인구 16만 6,000명의 작은 도시이다. 부산과 같은 위도상에 있고, 창원시와 자매결연도 하고 있으며, 오사카(大坂)와 나고야(名古屋)까지 각각 146km, 44km 거리에 있어서 대도

시에 가까운 생활권을 유지하고 있는 곳이다. 특히 기후 현의 3대 하천으로 손꼽히는 기소가와 강(木曾川), 이비가와 강(揖斐川), 나가라가와 강(長良川)을 비롯한 많은 하천이 혈관처럼 얽혀 있어, 가히 '물의 도시'라 할 만한 곳이다.

이른 아침 히코네(彦根)를 떠나 오가키로 향하던 통신사는 해발 154m의 스리하리(摺針) 고개를 넘어야 했다. 이 고개는 히코네 북쪽의 도리이모토(鳥居本)에서 오가키로 향하는 매우 가파른 고개로, 지명은 일본 진언종(眞言宗)의 개조인 고보(弘法) 대사와 관련이 있다. 수행 중이던 고보 대사는 도끼를 돌에 갈고 있는 할머니를 만난다. 그 이유를 물었더니 할머니는 귀중한 바늘이 부러져 도끼를 갈아 바늘을 만들고 있다고 대답한다. 이 말에 고보는 자신의 수행이 미숙함을 깨닫고 더욱 정진했다는 이야기다. 바로 이 고개의 정상에 찻집을 겸한 휴게소 역할을 한 망호당(望湖堂)이 있었다.

고갯길 꾸불꾸불 한 선으로 통했는데	嶺路透迤一線通
바위 위 작은 누각 하늘을 능멸할 만하네	巖巓小閣勢凌空
악양루 형승을 누가 감히 말하리요	岳陽形勝誰多少
백 리 비와 호 한눈에 다 보이는데	百里琵湖在眼中

이 시는 1748년 통신사행의 부사 남태기(南泰耆)가 망호당 주인의 요청으로 지은 시이다. 좀 괜찮은 누각이 있고 주변 경관까지 빼어나면 어김없이 '악양루'를 시에 끌고 오는 것은 우리의 전통적인 시적 관습이다. 1763년 사행의 제술관 남옥(南玉) 역시 『일관기(日觀

記)」에 다음과 같이 적고 있다.

스리하리 고개 꼭대기에 망호당이 있는데 지붕을 이어서 새로 만들었다. 평평한 호수를 굽어보고 서 있는데, 가히 백 리 쯤 되었으며, 지쿠부시마 섬(竹生島)이 호수 가운데 점처럼 찍혀 있었다. 맑고 넓고 시원하고 밝아서 한없이 넓은 바다가 온통 푸르른데, 돛이 오고 가고 갈매기가 오르락내리락 한다. 물가에는 왕왕 촌락이 수십 곳 있었고, 평평한 밭두둑 또한 천여 이랑은 되었다. 호수에 임한 모양과 형세가 단정하고 넓고 상쾌하니 참으로 승경이었다.

대숲 아래 내호(內湖)에는 염전이, 그 건너편에는 웅장한 비와 호(琵琶湖)가 펼쳐져 있으니 신선경이 따로 없었으리라. 오죽했으면 1719년 통신사행의 제술관 신유한(申維翰)조차 "살면서 이런 땅 한 구역을 얻는다면 늙어 죽도록 속된 세상을 밟지 않았을 것"이라고 아쉬워했을까? 그는 사행을 마친 뒤의 소회를 읊은 시에서도 "가장 생각나는 것은 오가키를 지난 뒤에 석양에 외로이 망호정에 앉아 있던 일[最憶大垣行過後 夕陽孤坐望湖亭]"이라고 했을 정도다.

경치가 빼어나니 자연히 통신사의 발길이 머물 수밖에 없다. 1748년 사행이 귀로에 망호당에 들르자 망호당의 주인이 1711년과 1719년 통신사행이 남긴 시와 글씨를 금 병풍과 비단 족자로 만들어놓은 것을 보여주며, 이를 전례로 시를 요청하는 바람에 응했다는 기록이 있다. 그리고 1763년 사행의 경우 망호당에 통신사가 쓴 편액이 네 개 있었으며, 그중 알아볼 수 있는 것은 1711년 사행의 종사관 이방언(李邦彦)과 1748년 사행의 별서사(別書寫) 김계승(金啓升)이 쓴 편액이라 적고 있다. 특히 김계승은 망호당의 편액을 쓴 사람으로 유명하다.

그런데 정작 1748년 사행의 종사관 조명채(曺命采)의 『봉사일본시문견록(奉使日本時聞見錄)』에는 "'망호정(望湖亭)'이라고 편액한 작은 정자가 있다"라고 기록된 것으로 보아, 본래 전해오던 이름에 김계승이 새로 '망호당'이란 이름을 붙였고, 그 글씨가 지금까지 전해져 왔음을 알 수 있다.

하지만 오늘날 망호당은 1991년 화재로 소실되어 그 온전한 형상을 엿볼 수 없다. 터는 남아 있지만 원래의 모습을 살필 수 없고, 재가 되고 만 통신사의 유물 역시 더 이상 실물로 대하기 어려운 실정이다. 그래서인지 이번 답사에서도 제외된 점이 못내 아쉽기만 하다.

2. 역사의 흐름을 바꾼 세키가하라 전투

히코네와 스리하리 고개를 넘은 통신사는 이마스(今須)에서 점심을 먹으며 휴식을 취한다. 그리고 다시 30리 거리의 세키가하라(關ヶ原)를 거쳐 다루이(垂井)에서 나카센도(中仙道)를 버리고 미노슈(美濃路)를 따라 저녁 무렵에 오가키에 도착하여 머무는 것이 통례였다. 통신사의 기록에 오가키의 경물(景物)에 관한 기록이 드문 것은 항상 저녁 무렵에 도착한 것과도 무관하지 않을 성싶다.

나 역시 오전의 빡빡한 일정 때문인지, 아니면 점심 때 너무 맛있게 먹은 우동 때문인지 스르르 눈이 감기기 시작한다. 집을 떠나면 숙면을 취하지 못하는 고약한 버릇 탓에 한번 찾아온 오수의 늪은 깊기만 하다. 얼마나 시간이 흘렀을까. 살포시 눈을 떠보니 운 좋게도 고속도로 표지판에 '세키가하라'라는 지명이 눈에 들어온다. 세키가하라는 '가쓰야마(勝山)'라고도 불리는데, 도쿠가와(德川家康) 막부의 개창에 결정적 역할을 했던 '세키가하라 전투'가 벌어졌던 역사적 현장이다.

세키가하라 전투는 전국시대 최후의 전투로 손꼽힌다. 도요토미 히데요시(豊臣秀吉)와의 의리를 지키려는 무리와 이를 와해시키려는 무리가 일본 천하를 걸고 격돌한 것이다.

1598년 히데요시는 임종을 앞두고 여섯 살의 어린 아들 히데요리(秀賴)를 도쿠가와 이에야스를 비롯한 다섯 명의 대로(大老)에게 부탁하고 서약까지 받는다. 하지만 도요토미 일파를 제거하려는 이에야스는 도요토미 정권의 관료적 행정파인 이시다 미쓰나리(石田三成)와 무장 출신 전공파(戰功派)인 가토 기요마사(加藤淸正)의 대립을 이용하여 기요마사와 연합하는 등 대립을 표면화하기 시작한다.

1600년 9월 15일. 마침내 미쓰나리가 5대로(大老)의 한 사람인 모리 데루모토(毛利輝元)를 맹주로 하여 8만 3,000명의 병사를 모은 서군(西軍)과 이에야스와 후쿠시마 마사노리(福島正則), 구로다 나가마사(黑田長政) 등을 주축으로 하는 7만 5,000명의 동군(東軍)이 이곳 세키가하라에서 격돌한다. 6시간에 걸친 물고 물리는 격전 끝에 승리를 쟁취한 이에야스는 서군에 참여한 다이묘(大名)들을 처분한다. 그리고 1603년에는 천황으로부터 모든 다이묘에 대한 지휘권을 행사할 수 있는 정이대장군(征夷大將軍)의 자리를 얻음과 동시에 에도(江戶)에 막부를 개창하여 에도 시대를 열게 된다.

이러한 역사적 의미가 담겨 있어서인지 당시 오가키로 향하던 초기의 통신사는 한결같이 이곳을 예사롭게 지나치지 않았다. 그 관심은 이미 1607년 1회 사행의 부사 경섬(慶暹)의 『해사록(海槎錄)』에서부터 보인다.

10리를 가 세키가하라 마을을 지나는데, 양쪽에 산이 있고 평평한 들이 한없이 펼쳐 있다. 길 북쪽 들판 가운데 동이를 엎어놓은 형상과 같은 작은 산이 있고 산 위에 보루(堡壘)를 쌓았던 터가 있는데 전에 이에야스가 진을 치던 곳이다.

경섬이 말한 작은 산은 해발 53m의 구릉인 오카야마(岡山)를 가리키는데, 동군의 총대장인 이에야스가 본진을 구축했던 곳이다. 여기에 주둔한 지 15일 만에 흙으로 3층 누각을 세웠다고 한다. 이 전투에서 승리한 이에야스는 이곳을 도쿠가와 집안과 인연이 있는 땅임을 기념하기 위해 오카야마라는 이름을 가쓰야마로 바꾸기까지 했다.

역사적 현장을 살핀 통신사의 반응은 이에야스가 우리 국토를 유린한 장본인들을 섬멸한 후 바로 우리에게 화호(和好)를 청하고, 이에 응해 우리가 통신하는 것은 도리에 어긋남이 없다는 것이었다.

하지만 쓰시마(對馬)의 농간으로 통신사를 자주 파견하는 것은 삼가야 한다는 경계의 목소리도 감추지 않았다.

3. 오가키 시 향토관에 전시된 통신사의 흔적

망호당은 화재로 소실된 탓에, 세키가하라는 빠듯한 일정 탓에 탐방 코스에서 제외되어 서운한 마음을 겨우 달래고 있을 때, 가이드 아가씨가 오가키에 도착했음을 알린다. 오가키 시 교육위원회 위원장을 비롯한 관계자들의 따뜻한 환영을 받으며 버스에서 내리니, 물 맑은 수로 옆으로 축축 늘어진 신록이 여독에 지친 심신을 상쾌하게 만든다.

가장 먼저 들른 곳은 오가키 공원(大垣公園) 맞은편에 있는 오가키 시 향토관이다. 이곳은 초대 번주 도다 우지가네(戶田氏鐵, 1576~1655)의 오가키 성 입성 350주년 기념사업으로 1985년에 세워진 것이다. 3년 전 홀로 이곳에 들른 적이 있다. 일본 기와로 단장한 지붕은 여전히 고풍스러우면서도 세련미를 자랑하고, 뱃사다리(船板)로 낮은 담장을 두른 입구는 그 독특함으로 눈길을 사로잡는다.

푸른 잔디와 예쁜 꽃으로 꾸민 아담한 일본식 정원을 지나 현관에 들어서니 우지가네가 말 위에 앉은 동상, 〈세키가하라 전투 병풍 그림(關ケ原合戰繪圖屛風)〉, 오가키 성곽 모형 등이 전시되어 있다. 현관 로비의 왼쪽에는 지역의 역사와 현황을 내용으로 한 향토역사실이 있고, 오른쪽에는 역대 번주의 초상과 미술품 등을 전시

오가키 시 향토관 전경

한 '도다 공(公) 현창실'과 지역 선현의 미술품을 전시한 향토미술실 등이 있다. 2층에는 다다미로 꾸며진 회의실과 화랑이 배치되어 있다.

곧장 향토역사실로 발걸음을 옮기니 정면 한복판에 대장관(大將官) 인형과 '조선 왕 다케시마초(朝鮮王竹島町)', '사루타 히코카미(猿田彦大神)'라고 쓴 기치, 대장이 입었던 진바오리(陣羽織), 대장 인형의 손과 팔 등이 가지런히 전시된 것이 한눈에 들어온다. 그 유명한 '조센야마(朝鮮軸)'의 유품이다. 조센야마는 조선통신사 행렬이 일본의 지역 축제에 반영된 대표적인 민속으로 손꼽힌다.

해설을 맡은 스즈키 다카오(鈴木貴男) 선생은 여러 가지 자료를 통해 오가키에서 조센야마가 성행하게 된 연유를 자세하게 설명했다.

〈세키가하라 전투 병풍 그림〉

대장관 인형

　대장 인형의 옷인 진바오리는 싸움터에서 무장이 갑옷 위에 입는 소매 없는 옷이다. 진바오리를 살펴보니 다양한 문양이 눈에 들어온다. 앞면은 책, 책상, 공작의 깃, 화분의 분재이고, 실물엔 보이

조센야마의 유물

지 않지만 사진에 나와 있는 뒷면에는 두루마리, 붓, 붓 꽂는 필통, 소라 고동 등이 황금실로 수놓여 있다. 다른 사진 자료에는 기린, 구름, 용, 봉황 등이 새겨진 것도 있다. 하나같이 우리 민화에서 보았던 사물로 그야말로 한 벌의 옷 속에 우리 전통문화가 고스란히 자리를 잡고 있는 것이다. 이 옷은 교토(京都)의 니시진(西陣)에 주문하여 만든 것이라 하는데, 만든 이나 주문한 이의 의식이 새삼 궁금해진다.

한 가지 의아한 것은 조선통신사와 전혀 관계없는 것으로 신들이 인간세계를 방문할 때 안내를 맡았던 신(神)인 사루타 히코카미의 깃발이 통신사 유품과 같이 있는 것이다. 그 이유를 다카오 선생에게 물었더니, 메이지유신의 영향으로 신도(神道)와 관계없는 축

니시진 직물회관의 전경 및 내부

제를 배척하는 풍조가 만연했을 때, 다케시마초 주민들이 어떻게든 조센야마를 지속시키기 위해 조선 왕이란 깃발 대신 눈속임용으로 이 깃발을 사용했다고 한다.

향토역사실에 전시된 조센야마 관련 유품은 메이지 정부의 신불(神佛) 분리 정책 때문에 창고 천장에 숨겨져 있다가 1964년 수리를 하던 주민들에 의해 발견되었다. 가로 4m, 세로 3m, 높이 50cm의 밀봉된 나무상자 안에 행사 용품 44점이 들어 있었다고 한다. 전시실에는 대장 인형의 허리띠, 바지, 지휘용 부채를 비롯하여 징, 북 걸이대, 작은 피리, 문갑, 호궁(胡弓, 해금류의 악기) 등과 함께 조선통신사를 소재로 제작한 벳푸(別府) 세공의 촛대 등도 놓여 있었다.

조센야마에 대한 설명을 마친 다카오 선생은 임시로 마련된 칠판 위의 각종 자료를 일일이 짚어가며 설명해주기 시작했다. 다카오 선생에 따르면, 오가키에서는 매년 10월 주로쿠초(十六町)의 호우넨오도리(豊年踊) 행사가 열리는데, 이것 역시 통신사가 오가키의 민속 축제에 녹아 있는 또 하나의 예라고 한다.

호우넨오도리는 풍년을 맞은 가을에 이틀에 걸쳐 기슈(紀州)의 도쇼구마쓰리(東照宮祭)에 나타나는 야마(山車) 행렬과 조선통신사를 모방하여 대행렬을 펼치는 행사이다. 1955년의 호우넨오도리 기념사진에는 남녀로 구분된 출연진의 모습이 보이는데, 남자나 여자 모두 홍백색의 색종이와 참억새의 이삭 등으로 장식된 큰 모자를 쓰고 손에는 징이나 북, 피리 등을 들고 서 있다. 이들이 이렇게 꾸민 것은 모두 이국정서를 표출하기 위한 것이라 하는데, 주민 모두는 그 이국이 조선이며 이 행렬은 바로 조선통신사의 행렬을 본뜬 것으로 믿고 있었다 한다.

1928년에 촬영한 흑백 기념사진에는 조센야마와 같은 모양의 '마쓰리야마(祭軕)'를 배경으로 주민 30여 명의 환한 모습이 담겨 있다.

호우넨오도리 출연진의 기념사진

그리고 그 옆에는 역시 조센야마의 대장관과 비슷한 인형의 머리 사진이 걸려 있다. 대장관으로 보이기는 하지만 조센야마의 대장관보다 정교하지 못하고, 낡아서 그런지 흉측한 모습을 띠고 있기까지 하다. 상민이 주도한 다케시마초의 조센야마와 농민이 주축이 된 주로쿠초의 호우넨오도리 사이의 재력 차이를 느끼게 하는 부분이다.

하지만 이들을 재력으로 구분하는 것 자체가 불경스럽다. 재력이 있든 없든, 자기가 사는 지역에 조선통신사가 머문 것을 자랑하고 이를 기념하려는 뜻에서 통신사 행렬을 모방하여 민속 축제로 승화시킨 오가키 시민들의 개방적이고 적극적인 사고가 존경스러울 뿐이다.

호우넨오도리의 대장관 인형

 마치 박제된 인형처럼 전시관 안에 갑갑하게 유폐(?)되어 있는 조센야마의 대장관 인형을 바라보고 있노라니, 문득 3년 전 참여했던 오가키 축제의 모습이 겹쳐지면서 때 아닌 시간여행이 시작되었다.

4. 오가키와 마쓰오 바쇼

 3년 전인 2004년 5월 7일 밤 10시에 오카야마 역(岡山驛)에서 출발한 고속버스가 나고야 역(名古屋驛)에 도착한 것은 다음날 아침 7

시. 나고야의 풍취를 즐길 틈도 없이 바로 오가키로 향하는 JR도카이도센(東海道線)에 몸을 실었다. 오늘은 오가키 축제가 열리는 날.

오가키 축제는 1648년 초대 번주 도다 우지가네가 오우진(應神) 천황을 제신(祭神)으로 하는 하치만구(八幡宮)를 재건한 것을 축하하는 행사이다. 재건 당시 조카마치(城下町)의 18개 마을이 그 기쁨으로 큰 가마에 신령을 모시는 미코시(御輿) 3채를 기부하자, 오가키의 10개 마치(町)에서 축제용 수레인 야마(軕)를 만들어 끌고 나온 것에서 비롯된 행사이다.

350여 년의 전통을 자랑하는 이 축제는 오늘날까지 매년 5월 15일에 가장 가까운 토요일과 일요일에 행해진다. 이때에는 혼마치(本町)를 중심으로 오가키의 10개 마치에서 나온 야마가 이틀 동안 도시의 동쪽과 서쪽을 돌며 행사를 벌인다.

메이지유신 이전 조센야마라고 불린 다케시마초의 수레 위에는 조선통신사를 상징하는 대장관 인형이 지휘용 부채를 쥐고 앉았고, 행렬 앞에는 '청도(淸道)'라고 쓴 깃발이 나부꼈으며, 피리·북·징·호궁 등을 든 악대가 앞섰다고 한다. 조선통신사의 행렬을 본뜬 이 행사는 우시마도(牛窓)의 가라코오도리(唐子踊)와 함께 일본 민중이 조선통신사를 자신의 문화로 정착시킨 대표적 민속으로 꼽히고 있다.

30여 분을 달렸을까. 사람들이 서둘러 자리에서 일어나기 시작한다. 인파에 휩싸여 오가키 역(大垣驛)을 빠져나오니 물의 도시답게 작은 분수와 조화를 이룬 스이도(水都) 타워가 눈앞을 가로막는다. 스이도 타워 앞에는 '바쇼와 만날 수 있는 도시, 오가키'라는

오가키 역 앞 스이도 타워

큼지막한 간판이 보인다.

이것은 '하이쿠(俳句)의 성인'이라 일컬어지는 마쓰오 바쇼(松尾芭蕉, 1644~1694)가 1689년 3월 27일 에도를 출발해서 9월 3일까지 약 150일 동안 2,400km의 긴 여정을 오가키에서 마쳤음을 기리는 것이다. 바쇼 기행문의 완결작이자 후세 하이쿠 작가들의 교과서가 되었다는 『오쿠노호소미치(奥の細道)』(1702)는 바로 그 여행의 결과물이다. 바쇼는 1689년 외에도 1684년부터 1691년까지 네 번이나 오가키를 방문했다.

역 관광안내소에서 얻은 오가키 축제 안내장을 유심히 살펴보았

바쇼의 석상

다. 아니나 다를까, 이번 축제는 바쇼 탄생 360년 기념 축제와 겸하는 것으로 되어 있다. 그래서일까, 오가키 시 종합복지관에는 바쇼의 여행을 기리는 기념관이 있다. 그리고 여행의 종착지인 후나마치(船町) 부근에 9개의 시비(詩碑)를 비롯하여 시 전역에 바쇼의 시비가 무려 20여 개에 달한다. 어디 그뿐이랴? 매년 전국 하이쿠 대회를 비롯하여 '후네쿠다리 바쇼 축제(舟下り芭蕉祭)'가 개최된다. 이는 오가키의 5대 축제 중 하나로 매년 4월 상순에 바쇼의 여행길을 따라 배를 타고 하천을 내려가는 행사이다. 이처럼 오가키는 일본을 대표하는 시성(詩聖)이 네 번이나 방문한 여행지로서의 자부심을 바탕으로 바쇼와의 인연도 무척 소중히 여기는 고장이다.

5. 오가키 축제 속의 조센야마

역 앞 가게에서 도시락으로 간단히 아침 요기를 하고 채 10분도 안 되는 거리의 하치만 신사(八幡神社)로 발걸음을 옮긴다. 하치만 신사는 오가키 축제의 출발지로 아침 9시에 각 지역의 수레 11대가 모두 집결하여 신에게 예를 올리는 곳이다.

오가키 축제는 이틀간 개최된다. 첫날은 시카쿠(試樂)라 하여 11대의 수레가 하치만 신사에서 예를 올린 후 시청 앞 현관 앞마당에서 예능을 펼친다. 오후엔 자유시간을 가지다가 저녁 7시에 다시 하치만 신사 앞에 모여 점등을 한 후 하치만 교(八幡橋)부터 다쓰노구치 교(龍口橋)를 두 번 건넌다. 둘째 날은 혼카쿠(本樂)라 하여 모든 수레가 약 8.8km에 이르는 시가지를 도는데, 진행 방향을 동쪽

오가키 축제 행사장인 하치만 신사

과 서쪽으로 격년제로 나누되 올해는 서쪽 시가지로 돈다고 한다.

이미 행사장 입구에는 천막이 드리워진 임시 가게가 즐비하게 늘어서서 다양한 물품과 음식으로 손님의 시선을 끌고 있다. 그렇게도 신성시하는 신사 안에 가게가 들어서 있는 모습이 우리나라의 절이나 교회 풍경과 달라 낯설다. 일본인에게 신사는 그야말로 신성의 공간인 동시에 생활공간인 것이다.

수레의 입장 모습을 보려고 행사장의 중심에서 약간 빠져나오니 바로 혼마치의 가쿠라야마(神樂軸)를 비롯하여 다이고쿠야마(大黑軸), 에비스야마(惠比須軸) 등과 마주쳤다. 이 수레들은 1679년에 번주 도다 우지아키(戶田氏西)가 하사한 것인데, 원래 행사에는 가쿠라야마가 항상 맨 앞에 선다고 한다. 그 뒤를 이어 각 마을을 대표하는 아이오이야마(相生軸), 가즈와라야마(菅原軸), 아타고야마(愛宕軸), 쇼조야마(猩猩軸), 호테이야마(包袋軸), 우라시마야마(浦島軸) 등의 수레가 속속 모여들기 시작한다.

수레 위에서는 곱게 화장하고 일본 고유의 옷을 차려입은 어린 아이들이 해맑게 웃고 있다. 그 곁에는 부모인 듯한 사람들도 함께 따르고 있다. 행사 참여자와 장사꾼 및 관광객 등이 뒤섞여 어느새 신사 앞은 그야말로 사람의 물결을 이루고 있다.

한참을 기다리니 조센야먀를 전승한 다케시마초의 수레인 사카키야마(榊軸)가 드디어 그 모습을 드러냈다. 등에 대나무 무늬를 새긴 붉은 옷을 입은 장정 10여 명이 수레를 끌고, 그 앞과 뒤에 녹색 복장의 어른 6명, 소년 소녀 약 20여 명이 한결같이 피리를 불고 있다. 피리를 부는 모습은 이미 우시마도의 가라코오도리 공연

다케시마초의 사카키야마

피리 부는 아이들

에서 익히 보았던 모습인지라 그리 낯설지 않다.

　수레 앞에는 참새 떼를 수놓은 길이 330cm, 폭 53cm의 비단 장식천을 둘렀고, 측면에는 '백화백조(百花百鳥)'라 불리는 장식천을 드리웠다. 네 기둥에는 용, 기린, 봉황, 거북이 조각되어 있고, 상단에는 아마노우쓰메(天鈿女命) 여신(女神)이 신령을 불러오는 비쭈기나무와 방울을 손에 쥐고 서 있다. 우쓰메는 최고신이 노하여 하늘의 바위문을 닫아 온 세상이 어두워졌을 때 춤을 추며 최고신을 달랬다는 여신이다. 메이지 정부의 신불 분리 정책에 의해 조선 왕의 깃발과 대장관 인형으로 장식된 조센야마는 사라지고, 대신 지금의 사카키야마로 대체된 것이다. 조선통신사의 대장관 인형을 실은 조센야마가 아닌 것이 못내 아쉽다.

　수레 뒷면에 걸개 형식의 자수 그림이 있는데, 다른 수레와 달리 전혀 일본풍이 아닌 두 사람의 모습과 함께 한시(漢詩)가 적혀 있다. 수레 근처에 서 있던 자치회장 후쿠다(福田) 선생에게 물으니 그림 속의 두 사람은 다름 아닌 백제에서 온 왕인(王仁)과 아직기(阿直岐)라 한다. 갑자기 가슴이 먹먹해진다. 비록 조센야마의 진품 유물은 보호 차원에서 전시관에 있지만, 걸개그림에까지 왕인과 아직기의 초상을 아로새겨 놓았을 줄이야! 후쿠다 선생은 이것은 한반도에서 선진 문화를 전수해준 데 대한 고마움을 표현한 것이라 한다.

　9시가 되자 신사 앞에 모여든 수레들이 차례로 제문을 낭독하기 시작한다. 낭독이 끝나자 신사 본당을 향하여 인형극이나 어린아이들의 공연이 펼쳐진다. 의식이 끝나자 리더의 호각소리에 맞춰 수레를 360도 빠르게 돌리기 시작한다. 높이 5m, 폭 3m, 길이 6m, 무

사카키야마의 〈군작도(群雀圖)〉

왕인과 아직기의 걸개그림

게 4톤에 이르는 수레들이 제각각 경쟁이라도 하듯 신나게 돌아가자 관중의 환호성도 덩달아 높아진다.

수레들은 행사장인 하치만 신사를 곧장 빠져나와 시청 앞 광장으로 향한다. 다케시마초의 수레를 따라 시청 앞 광장으로 가니 이미 자리를 잡고 있던 시장을 비롯한 유지들이 행렬을 맞이했다. 다케시마초의 수레도 그곳에서 두 번째 공연을 펼친 후 저녁 행사 준비를 위해 귀로에 올랐다.

6. 다케시마초의 조센야마보존회

수레 행렬을 따르다가 번주였던 도다 집안의 절로 알려진 엔쓰지(圓通寺)에 들르면서 행렬을 그만 놓쳐버렸다. 물어 물어 10여 분을 걸어서 다케시마초 회관에 도착했다. 회관 입구에는 신발이 어지러이 놓여 있다. 안을 들여다보니 수레를 끌고 피리를 불던 사람들이 점심을 먹고 있었는데, 후쿠다 자치회장이 같이 식사를 하자고 손을 잡아 이끈다. 단지 통신사를 연구한다는 사실 하나만으로 이국의 학자에게 선뜻 마음을 열어주고 도시락을 건네는 그들의 따스한 마음에 가슴이 뭉클해진다.

커피 한 잔을 마시며 피로를 씻어내리고 있으니 자치회장이 나를 건너편 방으로 인도한다. 방 입구에는 '현·시 중요유형민속문화재 다케시마초보존회 조센야마 유품 다케시마초보존회(縣·市竹島町保存會朝鮮山車遺品竹島町保存會)'라는 간판이 걸려 있다. 방 안에 들어서니 벽에는 NHK에서 1979년 7월 19일 방영된 〈조선통신사가 통과한 거리 오가키〉 녹화 사진이 걸려 있고, 이 외에도 방 전체가 조센야마와 관련된 흔적으로 가득하다.

조센야마와 관련해 다케시마초가 세상에 알려진 것은 1976년 11월 NHK 텔레비전 방송을 통해서라고 한다. 〈스포트라이트〉라는 프로그램에서 '이조(李朝)의 유품'이라는 제목으로 전국에 방송되면서 당시 유품 44점이 공개된 것이다. 그 유품 대부분은 향토관으로 옮겨졌고, 지금은 오늘날의 행사 용품을 진열하고 있을 뿐이다.

후쿠다 자치회장에게 다케시마 주민들이 조센야마를 보존하게 된 연유를 물었다. 자치회장은 1648년에 다케시마초의 다이고쿠야(大黑屋) 가와이 지헤에(河合治兵衛)의 선조가 오가키에 숙박한 통신사를 따라 나고야까지 동행하며 통신사의 의상과 악기 등을 스케치한 뒤 그것을 모방하여 만든 것이 조센야마라 한다. 처음엔 가마 위에 조선 왕의 사신을 모방한 대장 인형을 태운 소박한 것이었으나 1751년에 3륜으로 된 아름다운 궁전 수레 모양의 야마를 만들었고, 1808년에 오가키 축제 특유의 4륜 야마가 된 것이라 한다.

향토관에 전시된 물품 외에 다른 유품이 없는지 물으니, 조용히 책자 하나를 내민다. 다케시마초보존회가 발간한 『시·현 중요유형 민속문화재: 오가키 마쓰리 조센야마 유품』이다. 표지를 넘기니 〈야마(山車) 풍속 1751~1808년〉과, 1868년 오가키의 시인 사이토(齋藤百竹)가 지은 7언 절구 「오가키 성 황제시(大垣城隍祭詩)」 3수, 유품에 대한 간략한 소개말이 적혀 있다. 이어 39품목 44점의 유품이 번호 순서대로 정리되어 있는데, 한결같이 치수까지 상세히 기록되

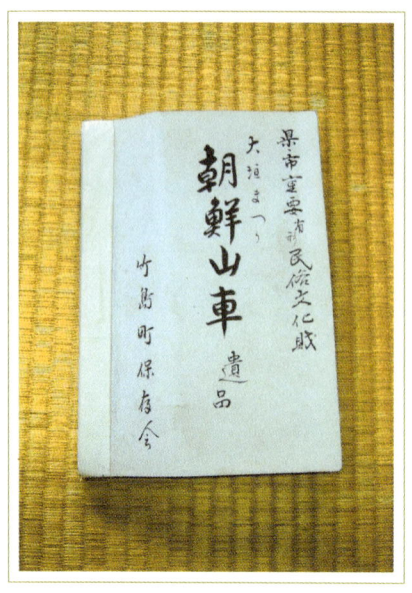

조센야마 유품 목록

어 있는 것이 놀랍다. 예를 들면 대장관 인형의 관은 36cm×16cm로 종이로 만들었고, 머리는 나무에 흰색을 바른 것으로 이마에서 턱까지 30cm, 턱에서 수염 끝까지는 30cm로 기록되어 있다. 심지어 수레바퀴조차 목제로 두께 4cm, 반지름 20.5cm, 구멍 지름 7cm 등으로 상세히 기록되어 있을 정도다.

이 기록만 참고하면 설령 향토관의 전시물이 없어지더라도 당장에라도 다시 제작할 수 있을 것만 같았다. 군국주의가 날뛰던 시기에 조선통신사와의 만남을 소중히 여기고 위험을 무릅쓰면서까지 유품을 감추려 애썼던 다케시마초 주민들의 전통을 소중히 보존하려는 마음이 절로 느껴진다.

어느덧 저녁 행사 시간이 다가와 다시 하치만 신사로 되돌아갔다. 토요일 저녁이어서인지 오전과 달리 사람들이 많다. 다케시마초의 수레도 등불을 켠 채 새 단장을 하고 도열해 있다. 밤이라 안전을 고려해서인지 수레 돌리기는 하지 않고, 인형과 어린 소녀들의 춤은 그대로 계속되었다. 낮과 다른 점은 행사에 참여한 마을 사람 전부가 수레 앞에 드리운 두 줄을 잡고 거리를 돌며 자기 지역으로 다시 끌고 간다는 것이다.

　오랫동안 조선통신사와의 만남을 잊지 못하고 지역민의 구심점으로 승화시킨 다케시마초 주민들의 마음에 조금이라도 보답하려고 나도 수레 끌기에 동참했다. 그 순간 문득 목숨을 걸고 바닷길을 건너 먼 이역 땅에 와서 선진 문화 전파에 앞장섰던 조상들의 자랑스러운 모습이 떠오른다. 형언할 수 없는 감격이 왈칵 밀려와 수레를 잡은 손에 힘이 들어간다.

7. 오가키 성의 천수각을 찾아서

　문득 박수소리에 정신을 차려보니 스즈키 다카오 선생의 강의가 끝나고 있었다. 강의를 할 때면 수업에 집중하지 않는 학생이 그렇게 야속했는데, 오늘 스즈키 다카오 선생에게는 내가 그 야속한 학생이었을 것 같아 선생과 눈을 맞추기가 괜히 부끄러워진다.

　다카오 선생을 따라 향토관 바로 맞은 편 오가키 공원 안에 있는 오가키 성(大垣城)으로 향한다. 오가키 성은 JR오가키 역 남쪽 입구에서 걸어서 7분 거리에 있는, 오가키의 상징이 되는 중심 건물이다. 세키가하라 전투 때 이시다 미쓰나리를 대장으로 하는 서군의 본거지로, 세키가하라 전투 후에도 3일 밤낮 공방전이 이어졌던 역사적 명소이기도 하다.

　공원 입구로 들어서니 녹음 우거진 곳곳에 각종 비석이 참으로 많다. 안내 소책자를 펼쳐보니 친절하게도 오가키 공원 내 현창비

(顯彰碑) 약도까지 그려져 있을 정도다. 다른 성에 비해 규모가 작은 오가키 성은 1535년 성주 미야가와 야스사다(宮川安定)가 축성했다고 하는데, 일설에는 1500년에 성주 다케코시 나오쓰나(竹腰尙綱)가 축성했다고도 한다. 오가키 성이 작은 규모에도 불구하고 유명한 것은 바로 이 천수각 때문이다.

일본의 성에는 대체로 천수각이 있다. 천수각이란 말의 유래에는 기독교 유래설과 유교 유래설이 있다. 전자는 '천수(天守)'의 일본어 독음 '덴슈'가 천제(天帝), 상제(上帝), 조물주를 뜻하는 '데우스'와 비슷하다는 것이고, 후자는 유교의 '천(天)'에서 유래했다는 것이다. 대부분 후자의 견해를 좇는 편이다.

그런데 『오다 노부나가(織田信長)의 카리스마 경영』이란 책으로 유명한 도몬 후유지(童門冬二)에 의하면 일본의 성에 천수각이 본격적으로 세워진 것은 아즈치 성(安土城)의 천수각에서 비롯되었다고 한다. 아즈치 성은 노부나가가 비와 호 동남쪽에 있는 아즈치 지역에 축성한 것으로, 그의 천하통일 완성기를 보여주는 상징물이기도 하다.

노부나가는 '울지 않는 두견새는 죽여버린다'라는 말로 우리에게도 잘 알려진 인물이다. 그런 그가 천태종 본산인 엔라쿠지(延歷寺)를 초토화하고 예수회 선교사에 대한 보호조치를 확대한 후, 수도에 교회를 세우고 아즈치에 신학교 건립을 후원한 것은 잘 알려진 사실이다. 그가 이러한 조치를 취한 것은 그가 특별히 유럽 문화에 관심이 있었다거나 기독교를 장려하기 위한 것이 아니라 그것이 불교 사찰의 영향력을 약화시킬 수 있는 수단이라고 여겼기 때문이

오가키 성의 천수각

다. 노부나가는 기독교 신자가 아니었기에 기독교에 대한 그의 입장은 다분히 정치적인 것이었다. 또 중세 유럽에서는 성곽의 중심부에 성주와 중신이 거주하던 최후의 방어 거점으로 감옥과 예배당을 갖춘 천수각이 있었다고도 한다. 이런 여러 면을 종합해볼 때 전자의 견해가 그리 생뚱맞은 것만은 아닌 듯싶다.

1585년 도요토미 히데요시가 성주 이치리류 나오스에(一柳直末)에게 조영(造營)을 명하여 무려 3년에 걸쳐 완성된 오가키 성의 천수각은 4층의 흰색 건물이다. 사방 모두 흙으로 두껍게 발랐는데, 마치 사슴의 모습과 닮아 '큰사슴성'이라 불릴 정도로 우아한 건축미를 지녀 1936년에는 국보로 지정되었다. 곁에 서서 올려다보니 그 미끈한 자태가 목이 긴 흰 사슴 같기도 하고, 학 같기도 하다.

하지만 아름다움이란 것도 무력이란 광풍(狂風) 앞에서는 연약하기 그지없는 잎새와 같다고 했던가. 오가키 성은 1945년 제2차 세계대전 때 폭격으로 소실되고 말았다. 1959년 4월 예전의 외관대로 복원되기는 했지만 국보로서의 지위를 유지할 수는 없었다.

천수각 안으로 들어가니 역대 번주의 초상을 비롯하여 세키가하라 전투 및 오가키 성에 관한 자료가 전시되어 있었다. 사람은 사라졌지만 역사적 현장은 사람을 그대로 보존하고 있다는 사실이 새삼스럽게 만고의 진리로 여겨진다.

오가키 성 천수각은 오늘날의 기상청 역할도 했다고 한다. 천수각에서 붉은 깃발이 나부끼면 곧 폭풍이 오리라는 것을 의미한다. 백성들은 이를 보고 비바람을 막기 위해 설치한 빈지문을 단단히 단속했을 것이다. 맑은 날에는 흰 깃발, 구름이 낀 날은 푸른 깃발이 나부꼈다. 어떤 방법으로 기상을 예측했는지는 알 수 없으나, 백성을 위해 날씨까지 챙기는 위정자의 세심한 배려가 느껴지는 대목이다.

8. 통신사의 숙소, 젠쇼지

오가키 성을 나와 맑고 깨끗하게 정비된 수로를 따라 통신사의 숙소였던 젠쇼지(全昌寺)로 향한다. 예전에는 수로가 더 넓었기 때문에 통신사가 젠쇼지로 들어가려면 임시로 가설된 부교(浮橋)를 건너야만 했다. 당시의 환경을 보여주는 듯 옛날 스이몬가와 강(水門

川)을 왕래했던 항구 자리에 스미요시(住吉) 등대가 지금도 그대로 서 있다.

스이몬가와 강은 오가키와 구와나(桑名)를 연결하는 수송 경로이자, 하이쿠의 명인 바쇼가 배에서 내린 곳이기도 하다. 1920~1930년대에는 1만 척의 배가 왕래할 정도로 번성했다는데, 오늘은 바쇼가 도착할 때 사용했다는 배 한 척만 덩그러니 떠 있다. 마음 같아선 바쇼처럼 노를 저으며 하천을 누비고 싶은데, 여의치 않아 안타깝다.

통신사 사행록에 기록된 오가키에서의 통신사 숙박지는 쇼카지(宗華寺, 1607년), 가린엔(花林院, 1624년과 1719년), 젠쇼지와 가린지(花林寺, 1636년) 등이다. 특히 1763년 사행의 경우 정사인 조엄(趙曮)은

바쇼가 타고 왔던 배

젠쇼지로, 제술관 남옥은 가린엔으로 기록하고 있어 정확한 숙박지가 어디인지 가늠하기 힘들다. 이 부분은 오가키의 학자들도 명확히 규명하지 못하는 부분이다.

젠쇼지에서 발간한 안내장에 따르면, 젠쇼지는 오가키의 초대 번주인 도다 우지가네의 아내가 숙부인 도다 진고로(戶田甚五郞)의 명복을 위해 효고 현(兵庫縣)의 아마가사키(尼ヶ崎)에 세운 절이라고 한다. 그리고 1635년 우지가네가 아마가사키에서 오가키로 올 때 젠쇼지의 2대 주지인 문경화상(文鏡和尙)이 같이 와서 오가키 젠쇼지를 개산(開山)했다고 한다.

한편 1748년 사행의 종사관 조명채는 "(통신사의) 관소는 젠쇼지의 가린엔이다"라고 적고 있다. 따라서 통신사 기록과 젠쇼지 자체의 기록을 종합해보면 1635년 이전 오가키에 이미 가린지 또는 가린엔이라 불리는 사찰이 있었고, 우지가네가 오가키로 오면서 젠쇼지란 이름으로 이들 사찰을 통섭한 것으로 보면 아귀가 맞아떨어진다.

종루를 겸한 젠쇼지의 정문 앞에는 비석이 좌우 각각 세 개씩 서 있다. 왼쪽 세 개에는 사적 무하유장(史蹟無何有莊), 사적 설조철심묘(史蹟雪爪鐵心墓), 불허훈주입산문(不許葷酒入山門)이라고 쓰여 있고, 오른쪽 세 개에는 조동종 도원산 전창사(曹洞宗桃源山全昌寺), 현창 조동 종대본산 총지사 원윤번지(顯彰曹洞宗大本山總持寺元輪番地), 서미농제삼십삼영장(西美濃第參拾參靈場)이라고 쓰여 있다. 무하유장(無何有莊)은 막부 말기의 지사(志士)로 메이지유신에 혁혁한 공을 세웠던 오가키 번노(藩老) 고하라 가네신(小原鐵心)의 별장 이름이고,

젠쇼지의 입구

설조(雪爪)는 젠쇼지의 주지이자 가네신의 스승으로 학문과 정치에 뛰어나 '백의(白衣)의 재상'이라 불린 인물이다.

절의 오랜 역사를 짐작하게 하는 비석을 뒤로하고 종루 아래의 문을 통해 절의 마당으로 들어선다. 밋밋한 콘크리트 건물에 정원이라고 딱히 부르기도 힘들 정도로 방치된 좁은 마당이 쇠락한 절의 역사를 말없이 전해준다. 1719년 사행의 신유한이 '통창(通敞)하다'라고 감탄했던 객관의 모습과는 달리 지금은 건평 64평 정도의 작고 초라한 절에 불과하다.

1895년 2월에 작성된 〈도원산전창사경내약도(桃源山全昌寺境內略圖)〉에 따르면 젠쇼지는 정문을 통과하면 왼편에 우물과 식당 등이 있고, 중문을 지나면 스님과 가족들이 거처하는 고리(庫裡), 본당,

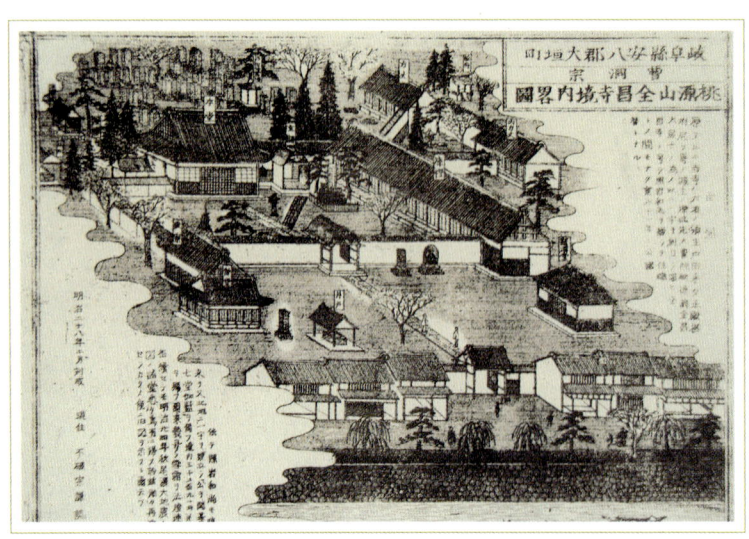

젠쇼지의 경내 약도인 〈도원산전창사경내약도〉

방장(方丈)이 있으며, 승려도 100여 명이나 있던 대규모 사찰이었다. 지금의 건물은 두 차례의 화재(1829년, 1851년)와 대지진(1891년), 미군의 대공습(1945년)을 겪어 잿더미가 된 뒤 약 20여 년 전에 새로 지은 것이다.

오른편에 본당이 있고, 왼편에 미타라시(御手洗) 지장보살상이 놓여 있다. 이 지장보살상은 선영(禪榮)이라는 동자승이 치통으로 죽으면서 무덤 대신 지장보살에게 제사를 올려달라고 유언한 것을 당시 주지가 받아들여 '선영상좌를 위하여'라는 명문(銘文)까지 새겨 지장상으로 만든 것이다. 여기에 빌면 치통이 낫는다고 한다.

마침 주지스님이 출타 중이라 본당은 구경조차 할 수 없어 안타깝다. 3년 전 이곳을 찾았을 때에는 한참을 기다려 주지스님을 만

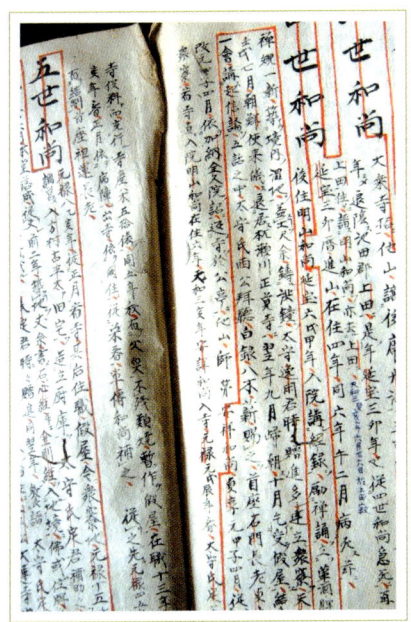

『과거장』

났었다. 그때 본당에 들어가보았지만 통신사와 관련된 흔적을 전혀 찾을 수 없었다. 다만 더위 때문인지 나른한 하품으로 인사를 먼저 건넨 주지스님이 내게 『과거장(過去張)』이란 낡은 책 두 권을 내민 것이 그나마 위안이었다. 내용을 살펴보니 1635년 이후 1747년까지의 절의 역사를 붓으로 기록한 것이었다. 그 속에 1682년, 1711년, 1719년 사행 때 통신사를 위해 절의 승려들을 구이세가와 강(杭瀨川)의 쇼가쿠지(正覺寺)에 옮겼다는 기록이 있었다. 이번 방문에는 주지스님도 없어 탐방단이 아무 유물도 볼 수 없는 것이 안타까워 다카오 선생에게 『과거장』의 존재에 대해서 물으니, 그런 자료가 있는지조차 몰랐다며 미안해한다.

할 수 없이 개방된 공간만을 살핀다. 본당 곁의 건물이 바로 가네신의 별장 무하유장의 다실(茶室)인 다이세이샤(大醒榭)이다. 다이세이샤는 1856년에 세워진 것으로 가네신이 메이지유신의 사업을 계획하는 공사 도중에 짬을 내어 매화를 감상하던 정자 구실을 했다고 전해진다. 에도 시대에는 보기 드물게 문의 무늬가 유리로 장식되어 있어 당시에도 화제가 된 건물이다. 그 뒤편 안쪽에는 정문 앞 비석에서 보았던 가네신과 그 스승 셋조의 무덤이 안치되어 있는데, 통신사와 함께 전반적으로 방치된 유적이라는 느낌이 너무 강해 이래저래 쓸쓸한 마음이 일어난다.

9. 오가키에서의 문화 교류

조센야마와 호우넨오도리가 오가키에서 통신사를 매개로 이루어진 민중 차원의 교류를 대표한다면, 비록 건물도, 사람도, 통신사 관련 유물도 볼 수 없지만, 에도 시대의 젠쇼지는 분명 통신사와 오가키 상층 지식인의 교류 장소였다. 다만 여타 사행과 다른 점이 있다면 1711년 이후의 사행 기록에만 교류의 편린이 드러나고, 다른 지역과 달리 특히 의학 분야의 교류가 두드러진다는 점이다.

에도 시대에 네덜란드 의학이 유입되기 전 일본 의원의 필수 참고서가 조선의 의학 서적이었다는 사실은 익히 알려진 사실이다. 도요토미 히데요시의 시의(侍醫) 쇼린(正琳)이 소장한 『조선의서목록(朝鮮醫書目錄)』에 54종 138책의 조선 의학서가 있었다는 사실과, 1723년 허준의 『동의보감(東醫寶鑑)』을 국가에서 직접 발간한 데서 조선 의학이 일본 의학에 끼친 영향을 짐작할 수 있다. 따라서 일본 의원들은 통신사행에 참여한 조선 의원들과의 교류를 통해 좀 더 생생한 의학 지식을 축적하고자 했는데, 그것이 가장 두드러졌던 지역이 바로 오가키인 것이다.

오가키에서 통신사를 통한 교류의 양상은 신유한의 『해유록』을 통해 살필 수 있다.

순보(春圃)의 아들 순치쿠(春竹), 순린(春倫), 도우센(道仙), 순오쓰(春乙), 순다쓰(春達) 등 6부자가 함께 와서 시를 지었다. 그들의 집은 오가키에 있는데, 모두 글을 읽어 의술을 업으로 했다. 또 다른 서생들이 자리에 가득 찼다가 한밤중이 넘어서 헤어졌다.

에도 시대의 유명한 한방의(漢方醫) 기타 슌보(北尾春圃, 1659~1741)가 다섯 아들을 데리고 통신사와 시문창화를 한 것이다. 슌보는 앞선 사행인 1711년 사행에도 젠쇼지를 찾아 통신사 의원 기두문(奇斗文)과 사삼(沙蔘)과 만삼(蔓蔘)의 진위감정법을 비롯한 문답을 나눈 적이 있다. 그리고 그것을 바탕으로 2년 뒤에 『상한의담(桑韓醫談)』이란 제목의 의학서를 출간한다. 그는 자신에 대한 긍지가 높아 어떤 고관 귀인이라도 배웅하지 않는다는 유명한 일화까지 남긴 사람이다. 그런 그가 오직 조선의 선진 의학을 배우겠다는 일념으로 젠쇼지를 방문하여 통신사와 교류하고 그 결과를 바탕으로 의학서를 저술한 것이다.

기타 가문에서 통신사와 교류한 1711년 사행의 주역이 기타 슌보라면, 1719년 사행에서의 주역은 슌보의 둘째 아들 슌린이다. 그가 의원인 권도(權道)와 김광사(金光泗)와 나눈 의학 관련 필담은 『상한훈지집(桑韓塤篪集)』에 잘 드러난다. 또 1763년 사행에서는 슌린이 아들 모우테쓰(孟哲)를 이끌고 창화 필담의 자리에 앉았다. 이처럼 부자(父子)와 조손(祖孫)에 걸친 통신사와의 교류를 통해 기타 가문은 에도 시대의 명의 집안으로 거듭날 수 있게 된 것이다.

물론 문사들과의 교류도 활발했다. 1763년 사행의 경우 에도로 갈 때에는 4명의 의원과 시문을 창화했는데, 돌아오는 길에는 무려 21명과 창화를 하게 되어 그들의 작품에 일일이 창화하느라 새벽까지 잠들지 못했다는 기록이 보인다. 그 가운데는 앞서 언급한 기타 가문의 의원을 비롯하여 15살의 연소자를 포함한 문사 집단, 승려 등도 끼어 있었다. 이처럼 오가키의 상층 지식인들은 일생에 한 번 접할까 말까 한 통신사와의 교류를 통해 그들이 그토록 갈구했던 문화 욕구를 충족시킬 수 있었던 것이다.

10. 오가키 답사를 접으며

길은 떠남의 공간이자 돌아옴의 공간이다. 지향의 공간인 동시에 한걸음 뒤로 물러선 자기성찰의 공간이기도 하다. 하지만 무엇보다 길은 상호소통의 트인 공간이다. 우리가 통신사의 옛길을 따라나선 것도 길이 지닌 이런 기본적이고 함축적인 의미를 확인하기 위한 것인지도 모른다.

그동안 우리는 독도, 종군위안부, 역사 교과서 문제 등 뒤틀리고 일그러진 한·일 관계를 매번 언급하면서도 상대를 진심으로 이해하려는 의지는 서로가 부족했다. 그 속에는 양국 간 문화 교류의 역사를 강조하면서도 정작 시혜자의 입장에서만 상대를 이해하려 하거나, 역사를 왜곡하면서까지 한반도로부터의 문화 수혜 사실을 애써 은폐하고 부정하려는 양국의 자기중심적 사고도 한몫을 했다고 할 수 있다.

그런 면에서 오가키는 오늘날 우리에게 많은 것을 시사해준다. 오가키는 통신사가 지역에 전한 선진 문화를 적극적으로 받아들여 의학이든 민속 축제든 자기계발의 계기로 삼고 있고, 나아가 그 역사적 의미를 오늘날까지 계승하고 있는 것이다. 이는 청도기를 앞세우고 주민들이 한복을 차려입고 나선 통신사 행렬의 재현(2002년 10월 13일), 일본조선통신사연고지연락협의회 총회 개최(2006년) 등을 통해 알 수 있다. 특히 2005년 10월 29일부터 12월 18일까지 오가키시향토관에서 개최된 '조선통신사 특별전'의 부제 역시 '향토에 계승된 통신사 행렬'이라는 사실이 이를 증명하고 있다.

반면 정작 일본 정부의 요청에 따라 통신사를 파견한 당사자인 우리는 통신사 관련 박물관 하나 변변하게 갖추지 못한 형편이다. 아니 박물관이 문제가 아니라 아직까지 상호 교린의 '통신사'를 일본에 대한 '조공사'로 인식하는 몰이해와 싸우고 있는 실정이다. "길이란 주인이 따로 없고, 오로지 그 위에 있는 사람이 주인"이라고 했던가. 뒤늦긴 했지만 이제부터라도 통신사에 관한 한 우리 스스로가 주인 노릇을 할 필요가 있음을 뼈저리게 느낀다.

젠쇼지를 나오니 맑은 물과 눈이 시리도록 푸른 나무숲이 그 옛날 통신사를 보내듯 다정한 눈길로 우리 일행을 배웅하는 듯하다. 버스에 오르는 발걸음이 가벼워진다.

조선통신사에 대한 미쓰토모의 옛 관심은
지금 녹나무 한 조각으로 남아 있는데,
오늘 우리는 한·일의 더 많은 만남을 기약하며
녹나무의 조각 앞에 흰 나무 표주를 세웠다.
앞으로는 더 많은 사람들이 통신사의 사연이 깃든
묘젠지를 기억하리라.

제6장

― 최학림

배다리로 강을 건너 이른

나고야

1. 오와리 집안의 나고야

8월 1일 히코네(彦根)와 오가키(大垣)를 답사하고, 저녁에 아이치현(愛知縣)의 나고야(名古屋)로 향했다. 히코네와 오가키 답사의 중간에는 다카쓰키초(高月町)에 들렀다. 조선과 일본이 성신교린(誠信交隣)을 해야 한다고 주장했던 아메노모리 호슈(雨森芳洲)의 고향인 이 작은 농촌 마을에서 탐방단은 감탄하지 않을 수 없었다. 300년 전의 인물 아메노모리 호슈를 충심으로 기리고 있었기 때문이다. 그들은 그것을 통해 오늘을 살고 있는 듯했다.

다카쓰키초에 도착한 낮 12시 30분께, 우리의 농촌 풍경 같은 이 마을의 들판 위로 바람이 크게 스치는 것이 보였다. 들판의 벼는 바람을 따라 큰 무늬를 그리며 휘청거리고 일렁거렸다. 태풍 우사기가 일본 열도를 향해 올라오고 있다는 소식이다. 순간 탐방단의 다음 일정인 나고야가 아득해졌다.

1988년의 올림픽 개최 도시를 두고 서울과 경합을 벌였던 도시가 바로 나고야였다. 그때 나고야는 서울에 졌다. 이방인의 눈에 나고야의 인상은 먼저 그렇게 다가왔다. 도쿄(東京)는 수도로 일본 최고의 도시이며, 오사카(大阪)는 명실상부한 제2의 도시인데, 나고야는 과연 어떤 도시일까?

1655년 여섯 번째 사행 때 조선통신사 종사관으로 일본에 갔던 남용익(南龍翼)은 『부상록(扶桑錄)』의 부록인 「문견별록(聞見別錄)」에서 나고야를 "성 가운데 5층의 누각이 있으니 긴 행랑과 큰 전각이 수십 리를 뻗쳐, 오사카에 비교하면 5분의 3~4는 될 만하다"라고 일러주고 있다. 오사카보다는 작지만 아주 큰 곳이라는 것이다. 오늘날의 나고야 사람은 특히 경제적 자부심이 대단하다고 한다. 일찍부터 공업이 뿌리를 내린 데다가 파친코 산업의 본산이기 때문이다. 돈 많은 사람들의 도시, 인구 220만의 대도시, 파친코 산업이 뿌리를 내린 도시……. 그런 여러 가지 면이 나고야라는 도시의 얼굴을 빚어내고 있었다.

나고야는 17세기 초 일본을 통일한 도쿠가와 이에야스(德川家康)가 나고야 성을 축조하고 아홉 번째 아들을 성주로 봉한 뒤 크게 발달한 도시다. 도쿠가와 집안의 3대 가문(德川御三家)이라는 것이 있는데, 도쿠가와 이에야스의 아홉 번째 아들 요시나오(義直)를 시조로 한 오와리 집안(尾張家), 열 번째 아들 요리노부(賴宣)를 시조로 한 기이 집안(紀伊家), 열한 번째 아들 요리후사(賴房)를 시조로 한 미토 집안(水戶家)이 그것이다. 이들은 친번(親藩) 중 최고의 지위를 차지하여 쇼군(將軍)을 보좌했고, 쇼군의 상속자가 없을 때는 쇼군을 계승하는 위치에 있었다.

나고야는 3대 가문 중 가장 서열이 앞서는 오와리 집안이 번주를 맡았던 곳이다. 그러나 오와리 집안은 서열상으로는 가장 앞섰음에도 불구하고 쇼군 계승 때는 물을 먹게 된다. 6대 도쿠가와 이에노부(德川家宣) 쇼군을 계승한 7대 쇼균 도쿠가와 이에쓰기(德川家繼)의 치세기는 1713년 4월부터 1716년 4월까지 고작 3년에 불과했다. 이에쓰기가 쇼군으로 있을 때의 나이도 4~7세에 불과했다. 당연히 후계자가 있을 리 없었다. 객관적으로 3대 가문의 필두였던 오와리 집안이 쇼군 계승에 유리한 상황이었다. 하지만 의외로 오와리 집안은 배제되었고, 기이 번의 번주 도쿠가와 요시무네(德川吉宗)가 제8대 쇼군이 되었다.

정사 홍치중(洪致中), 제술관 신유한(申維翰) 등이 갔던 1719년(숙종 45년) 아홉 번째의 조선통신사는 기이 집안에서 나온 쇼군 도쿠가와 요시무네의 세습을 축하하기 위한 사행이었다. 일행이 에도에 도착하여 국서를 봉정한 뒤 베풀어진 연회 자리에 기이 집안의 도쿠가와 무네나오(德川宗直)와 미토 집안의 도쿠가와 무네타카(德川宗堯)는 참석했지만 오와리 집안의 도쿠가와 쓰기토모(德川繼友)는 병을 이유로 참석하지 않았다. 쇼군 계승에서 물을 먹은 탓에 불만이 많았고 속을 앓았던 것이다.

이러한 오와리 집안의 역사는 나고야의 빛과 그림자의 역사와 겹쳐 있는 것처럼 보인다. 8월 1일, 우리는 그 나고야로 가고 있었다. 그런데 태평양 쪽에서 서서히 태풍이 올라오고 있다는 것이 아닌가? 뱃길을 이용했던 옛 조선통신사처럼 탐방단의 오가는 길 역시

나고야 성 | 나고야는 17세기 초 도쿠가와 이에야스가 축조한 나고야 성을 중심으로 발달한 도시다. 나고야 성은 제2차 세계대전 때 공습으로 파괴당한 뒤 1959년 재건되었다.

뱃길이었다. 다음날의 귀국 뱃길은 남아 있었고, 태풍은 올라오고 있어 나고야가 벌써 아득해지는 듯했다.

2. 강을 건너다

나고야에 가기 위해서는 강을 건너야 했다. 오가키가 속한 기후 현(岐阜縣)과 나고야가 속한 아이치 현의 경계를 세 개의 강이 흐르고 있다.

이날 탐방단의 일정이 빡빡했던지라 우리는 주의력이 다소 산만해졌고, 그런 가운데 알게 모르게 강을 지나고 있었다. 제방 비슷한 게 나타나는 듯싶었는데 탐방단의 버스는 어느새 강을 건너가 있었고, 그렇게 벌써 강 두 개를 지났다. 그 강들은 폭이 200~300m쯤 되어 그리 넓지 않았다. 우리는 그 강들이 옛 조선통신사가 건넜던 강인지 긴가민가하면서 그냥 지났다. 2007년 8월 1일의 우리는 조금 피로했으며, 1719년 9월 10일의 제술관 신유한은 우리보다 더했다. "아름다운 풍경이 모두 우리 일행을 위함인가 싶다. 그러나 어찌하리, 나의 피로함이여! …… 졸음이 앞서 이 아름다운 강산에 대답을 주지 못하니 한없이 애달프구나!"

오가키에서 30분쯤 버스로 달린 뒤였다. 또 강이 나타났다. 세 번째 강은 이전 강과 확연히 달랐다. 여기가 조선통신사가 건넜던 유명한 기소가와 강(木曾川)이다. 낙동강 하류보다는 규모가 약간 작았지만 거의 엇비슷한 느낌이었다. 철교인 노비(濃尾)대교가 있고 철제 난간 사이로 강의 언저리는 시야가 툭 트여 보였다. 제방 너머 넓은 강안 곳곳에는 웅덩이 같은 게 있었으며, 잡목과 풀이 무성하게 우거져 있었다. 강기슭을 살피니 아예 사람이 접근조차 할 수 없는 곳도 많다. 강의 야성이 느껴진다.

그러나 강은 역시 시원했다. 힘든 길의 피로는 흐르는 강 앞에서 조금은 씻기는 듯했다. 강을 건넌다는 것은 곧 운명을 건넌다는 것. 바다를 건너왔던 통신사들은 이제 또 다른 강을 마주하고서 일본의 심부 에도(江戶)로 육박할 터였다.

강으로 내려가는 길에 '아이치 현 지정사적 선교적(愛知縣指定史跡船橋跡)'이라고 새긴 표지석이 서 있었다. 선교적(船橋跡)은 '배다리 유적'이라는 뜻이다. 옛 조선통신사가 지날 적에 이곳에 배다리가 가설되었던 것을 기념한 표지석인데, 처음에는 있는 줄도 모르

노비대교 위에서 | 노비대교가 놓여 있는 기소가와 강은 조선통신사가 나고야로 가는 길에 건넜던 가장 넓은 강이었다.

고 지나쳤던 것을 우연히 발견하게 되어 반가움이 컸다.

표지석이 서 있는 주변은 자못 어수선하여 역설적으로 인상적이었다. 표지석은 인가와 자그마한 공장의 뒤편에 서 있었는데, 표지석 앞으로는 소나무 한 그루가 휘어져 가로지르고 있었다. 표지석 둘레에는 수건, 셔츠, 양말 따위가 빨래집게에 물린 채 널려 있었고, LPG 가스통 네 개도 나란히 서 있었다. 이른바 산만한 정취. 뭔가 어울리지 않는다.

표지석 뒤편에는 '도쿠가와 시대에 조선신사(朝鮮信使)가 강을 건넜던 곳'이라는 내용의 글이 새겨져 있다. '조선통신사'가 아니라

선교적 표지석 | 조선통신사를 위한 배다리가 가설된 것을 기념하는 기소가와 강의 배다리 유적 표지석.

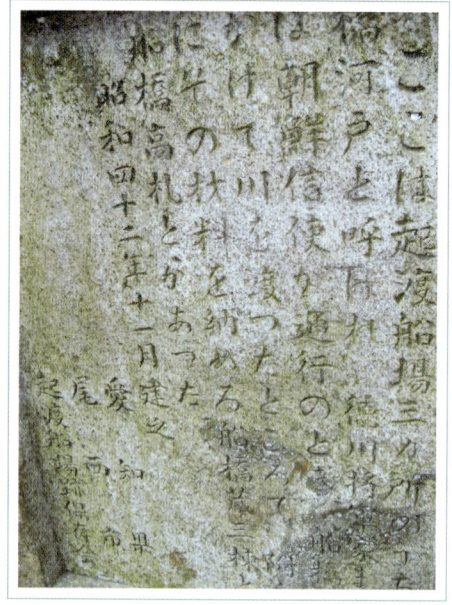

표지석 뒷면 | 배다리 유적 표지석 뒤의 비문. 쇼와 42년에 세워졌다는 글귀가 새겨져 있다.

'조선신사'로 적혀 있는 것이 눈에 띈다. 이 비를 세운 연대를 보니 쇼와(昭和) 42년, 1967년으로 상당히 빠르다. 300년 전의 기억을 담아 40년 전에 세운 비석, 빨래와 LPG 가스통, 이토록 안 어울리는 것들이 그곳에서는 같이 뒤섞여 있었다.

강기슭의 분위기도 특이했다. 각종 경고 문구가 가장 먼저 눈에 들어왔다. 주위는 한적했으며, 도로 밑 통로를 통해 강기슭으로 나서는데 '차량 진입 금지'라고 적힌 펜스가 통로 입구를 반쯤 가로막고 있었고, 통로 안쪽 벽면에는 자살 유혹을 방지하기 위한 '유혹에 떠오르는 어머니 얼굴'이라는 문구가 페인트로 적혀 있었다. 게다가 '경고. 불법투기 위반……'이라고 적어놓은 빨간 글자의 문구까지. 그야말로 을씨년한 분위기였다. 우리가 강안에 내려섰을 때는 아무도 보이지 않았고, 강 옆의 도로를 따라 자동차들만 쌩쌩 달리고 있을 뿐이었다. 여름날 오후 6시의 인적 드문 강은 쓸쓸했다. 해는 저 먼 곳으로 서서히 떨어지고 있었고, 강의 수면은 하루의 마지막 빛을 반사하고 있었다.

강기슭에는 콘크리트 계단도 있다. 곳곳에 쳐놓은 밧줄 때문에 위험한 곳이라는 느낌이 확 든다. 그때 일행 중 누가 "이것 보세요" 하고 외친다. 배를 끌어 매는 시설인지 아주 오래된 X자 형의 콘크리트 기둥 예닐곱 개가 땅에 꽂혀 있었다. 우리는 "저게 옛 통신사들이 건넜던 부교(浮橋, 배다리)의 흔적인가"라며 고개를 갸우뚱했지만 그렇지는 않았다. 비슷한 흔적이 혹시나 하고 우리 눈에 그리 비쳤을 뿐이다. 해가 지고 있었다. 인근 이치노미야 시(一宮市) 비사이(尾西) 역사민속자료관에 조선통신사 배다리에 대한 자료가 전시

배다리의 흔적일까? | 기소가와 강변에는 옛 배다리의 흔적인 듯 X자 형의 콘크리트 예 닐곱 개가 꽂혀 있었다.

되어 있다고는 하는데, 우리는 거기까지는 둘러보지 못했다. 탐방단이 탄 버스를 돌려 나오는 길에 역사민속자료관 안내 표지판이 차창 밖을 스쳤다. 못내 아쉬웠다.

3. 배다리의 장관

조선통신사가 오가키에서 나고야로 가는 길은 평야지대에 있는 미노슈(美濃路)였다. 기록에 따르면 조선통신사는 오가키에서 나고야에 이르기까지 서너 개의 강을 건넜는데, 그때마다 배다리로 건 넜다고 한다. 배다리는 배를 나란히 잇대고 그 위에 판자를 깔아 만든 다리를 말한다. 판자의 양쪽을 새끼와 철사 또는 나무 덩굴로 묶고, 배가 움직이지 못하도록 닻줄을 강의 위아래로 늘였다. 강의 양쪽에 세운 큰 기둥에 다리통 굵기만한 두 줄의 쇠줄로 배다리를 묶어 움직이지 않도록 했다. 그렇게 잇댄 배가 300여 척. 아주 정교했다고 한다.

8월 1일 오후 탐방단이 둘러본 기소가와 강은 폭이 앞선 강의 세 배 이상 되니만큼 조선통신사 사행 때 가장 큰 배다리가 만들어졌던 곳이다. 나고야에서 만난 동해지방조선통신사연구회 누키이 마사유키(貫井正之) 대표는 기소가와 강의 배다리를 다음과 같이 설명했다. "기소가와 강은 강폭이 약 1km에 달하는데, 강물 위에 어선을 옆으로 띄워 고정시키고 그 위에 판자를 깔아 배다리를 만들었습니다. 배가 275척에, 배 위에 까는 판자가 3,360장으로, 배다리는 총길이 855m, 폭 2.7m 규모였지요. 배다리는 쇠닻과 돌닻을 이용하여 밧줄로 단단히 고정시켰고요."

배다리의 공사 기간은 무려 2년이나 되었다고 한다. 1711년의 통신사가 왔을 때는 일꾼 33만여 명, 역마(役馬) 7만 7,000필이 동원되었으며, 1764년의 통신사가 왔을 때는 오와리 번 915개 촌 가운데 813개 촌에서 숱한 일꾼들이 동원되었다고 한다. 한마디로 엄청난 대공사였던 것이다.

더욱 놀라운 것은 그렇게 고생해서 힘들게 만든 배다리를 조선통신사 사절단이 왕래한 후에 허망하게도 철거했다는 사실이다. 당시

강기슭에서 바라본 노비대교 | 노비대교가 옛 조선통신사 때의 배다리의 사연을 아는지 모르는지 묵묵하게 서 있다.

의 배다리는 누구나 이용할 수 있는 것이 아니었다. 에도 막부 시절, 오직 쇼군과 조선통신사만이 이용했다. 일반인은 물론 영주인 다이묘(大名)까지도 나룻배를 타고 강을 건너야 했다. 도쿠가와 막부는 언제 다시 반란을 일으킬지 모를 지방의 다이묘들을 항시 경계했기 때문에 강을 쉽게 건널 수 있는 다리를 만들지 않았다. 그래서 막대한 노동력과 비용이 들어간 임시 배다리를 만들었으며, 조선통신사의 왕래가 끝나면 그것을 곧장 철거했던 것이다.

그렇다면 왜 조선통신사에게는 배다리를 가설해주는 특별 대접을 해주었을까? 막부는 조선통신사가 지나는 각 번의 다이묘에게 조선통신사를 극진히 대접하도록 명령하고, 그 명령을 어길 때는 가차 없이 처단했다. 요컨대 조선통신사에 대한 특별 대접은 일본 국내의 다이묘를 장악하기 위한 막부의 정치적 계산이 깔려 있었던 것이다. 외부의 사신을 내부의 권력을 공고히 하는 데에도 활용했다. 조선도 북방이 어지러웠기 때문에 일본에 사절을 파견해 남방을 안정시킬 필요가 있었다. 그런 전후좌우의 역학 및 계산이 깃든 것이 조선통신사이기도 했다.

배다리는 훌륭한 구경거리로서 장관을 연출했다. 1748년의 종사관 조명채(曺命采)는 『봉사일본시견문록(奉使日本時見聞錄)』에 월천(越川, 기소가와 강을 뜻하는 '起川'을 잘못 쓴 것이다)의 배다리가 "뭍에 오른 뒤에 으뜸가는 장관"이라고 적었다.

일본에서는 이 배다리와 조선통신사 행렬을 보기 위해 많은 사람들이 구경을 왔다. 1719년 신유한도 『해유록(海游錄)』에 "두 언덕의 관광하는 남녀는 낭화강(浪華江)과 같았는데, 가마를 타고 발[簾]을 드리우고 온 자는 귀족들의 부녀라 한다"라고 적고 있다. 또 1624년 세 번째 사행의 부사 강홍중(姜弘重)은 『동사록(東槎錄)』에 다음과 같이 기록했다.

> 관광하는 남녀가 길가를 메우고 심지어는 배를 타고 바라보는 자가 강의 아래위를 뒤덮었으며 귀한 집 부녀들이 가마를 타고 길 양쪽에 열 지어 있는 자가 또한 얼마인지 알 수 없으니 참으로 장관이었다. 역관 등이 왜인에게 물으니 모두 미카와(三河), 미노(美濃), 오와리(尾張) 등 먼 지방 사람들인데, 관광하기 위하여 며칠

전부터 와서 머물렀다고 한다.

배다리도 장관이었고, 배다리를 구경하러 온 인파의 모습도 장관이었다는 것이다.

4. 나고야에 들어서다

8월 1일 사위가 어두워지기 시작하는 가운데 탐방단의 버스는 나고야 인터체인지에 들어섰다. 길이 두 갈래로 나뉘어 있는데, 왼쪽은 오야마(大山)와 이누야마(犬山) 방향이고, 오른쪽이 나고야 방향이다. 나고야 방향으로 들어섰지만 여전히 고가도로 위다. 고가도로를 15분간 달렸는데 눈에 걸리는 높은 산은 없고 저 멀리까지 시가지가 펼쳐진 나고야의 도시 경계가 아득하다. '참 넓은 도시구나'라는 게 절로 느껴진다.

오후 7시께 숙소인 나고야 시내의 호텔에 도착했다. 점점 어두워지고 있었다. 여덟 번째 조선통신사 부사 임수간(任守幹)은 1711년 10월 5일, 우리보다 더 늦은 밤에 나고야에 도착했다. 그러나 나고야의 크기에 대한 감탄은 우리와 똑같았다. 그는 『동사록』에 "밤이 깊어 나고야에 도착, 시가를 보고 20여 리를 더 가서 비로소 관소에 이르니 성곽과 인민의 번성함이 자못 오사카를 능가했다"라고 감탄을 표했다.

물론 오사카를 능가한다는 말은 실제와는 다르다. 오는 길이 고

생되어 숙소에 이르니 자못 안도했다는 표현이겠다. 임수간이 나고야로 출발한 날에는 으슬으슬한 가을비가 왔다. 오는 길이 멀고 고생스러웠을 테니 그런 만큼 도착지인 나고야가 크고 반갑게 느껴졌으리라. 이날 나고야로 들어오는 길은 멀고 멀어 오와리 번의 번주 요시미치(吉通)는 나고야에 들어서기 전 점심을 먹었던 곳에 차(茶) 한 상자를 보냈다. 이날 조선통신사의 일정은 오가키를 출발해 나고야에 이르는 일정이었다. 길이 멀었다. 홍우재(洪禹載)는 『동사록』에서 "나고야까지의 반 정도에 새로이 찻집을 두어 차와 과자를 대접해왔는데 대개 너무 멀기 때문이다"라고 적고 있다.

너무 멀기 때문에 때로는 일본 수행원들이 거리 수를 속인 적도 있는 모양이다. 1636년 정사 임광(任絖)은 『병자일본일기(丙子日本日記)』에서 거리 수를 속여 고생시켰다고 투덜거렸다. 임광은 11월 24일 추운 겨울에 나고야로 향했으니 무척 힘들었을 것이다. 그는 날씨도 추운데 일본 측이 대략 25~30리를 속였다고 꼬집었다.

왜인의 풍속에는 길 양쪽에 반드시 5~6장쯤의 높은 토롱(土壟)을 쌓고 그 위에다 두 그루의 나무를 심어서 10리의 한계를 표시하는 것이 준례다. 이번 스고마타(洲股)에서 나고야에 이르는 동안 해 지기 전에 이정을 표시한 토롱이 여섯 군데였고, 해 진 후로 2경 말까지 지나온 이정 또한 40~50리 못 되지 않았으니, 이것으로 미루어본다면 스고마타에서 나고야까지는 적어도 80~90리 이하는 되지 않을 것이다. 그런데 그들이 75리라 하는 것은, 이수(里數)를 줄여서 기어코 나고야를 숙소로 삼고자 함에 불과한 것이었으니 밉살스러운 일이었다.

밉살스럽다는 생생한 느낌을 표현한 다소 이례적인 문구로서 재미있는 부분이며, 당시 일본에서 거리 수를 어떻게 표시했는지를 엿볼 수 있다는 점에서도 눈길이 가는 대목이다.

탐방단이 묵는 호텔 근처는 번화가였다. 직선과 원을 배합한 고층 건물이 많고 거리의 불빛이 휘황찬란하여 대도시의 면모가 느껴진다. 일본 동해지방조선통신사연구회의 고이데 유타카(小出裕)씨가 나와 있었다. 그는 "옛날 조선통신사가 나고야에 들어설 때 번청(藩廳)은 도로 연변의 주민에게 주의사항을 엄중히 하달했다"라고 설명했다. 주의사항은 지붕 처마를 깨끗이 청소할 것, 도로에 쓰레기 한 개도 떨어뜨리지 말 것, 조선 사절에 무례를 범해서는 안 되며 어떤 일이 있어도 참을 것, 도둑은 물론 난폭한 부랑자는 체포할 것, 화재에 각별히 신경을 쓸 것 등이었다고 한다.

왜 화재에 각별히 신경을 쓰라고 지시를 했을까? 조선통신사가 나고야에 들어설 때에는 어두운 밤이었고, 이들은 환영하고 안내하기 위해 수많은 횃불과 등불을 밝혀두었다. 그러니 화재에 신경을 안 쓰려야 안 쓸 수가 없었을 것이다. 1624일 11월 30일의 강홍중은 『동사록』에서 "인가 곳곳에 등을 달지 않은 집이 없고 또 횃불로 길을 비추어 밝기가 대낮과 같았다"라고 했고, 1636년 11월 24일의 임광도 『병자일본일기』에서 "성에 든 뒤에는 큰길 좌우에 있는 집들이 등불을 내걸었고 한편으로는 나무를 태워서 밝혀주는 것이 수십여 리를 이어지고 있으니, 실로 일대 기관(奇觀)이었다"라고 감탄했다. 조선통신사는 수십 리 횃불 통로의 장관을 지나 나고야의 심부로 나아갔던 것이다.

통신사에게 유난히 눈에 들어오는 풍정도 있었다. 1682년 8월 10일 밤에 나고야에 도착한 역관 홍우재는 『동사록』에서 "큰 시가지를 지나가니 구경 나온 어린 계집들이 얼굴이 아름다운 자가 꽤 많은데, 머리는 희고 이빨은 검으며 바지나 치마를 입은 자가 없이 단지 긴 옷만 걸치고 있었다. 남녀가 구별 없고 같은 친족끼리도 결혼을 하니 얼굴은 비록 사람이나 그 행동은 개·돼지와 같다"라고 그들을 제법 낮춰 깔보고 있다. 『해유록』을 보면, 1719년 9월 16일 나고야에 도착한 제술관 신유한은 "누각 앞 언덕 위에 푸른 장막 채색 주렴에 붉은 실로 만든 봉미(鳳尾)에다가 진주로 얽은 집이 있었으니, 그것은 귀인의 첩들의 집이었다. 십자가(十字街)에 황금옥(黃金屋)과 백화점(百貨店)에 만들어놓은 가지가지 기이한 구경거리를 바라보니 눈이 부셨다"라고 꼼꼼히 관찰 기록했다. 큰 도시 나고야에 들어서니 사람도, 거리도, 이런저런 구경거리가 많았을 것이다.

5. 소가쿠지의 조선통신사 행렬도

원래 일정대로라면 8월 2일 오전에 조선통신사가 나고야에서 묵었던 사찰을 둘러보아야 했다. 그러나 태풍 우사기가 올라오고 있다고 했다. 이번 탐방단이 오사카에서 부산으로 귀국할 8월 2~3일의 뱃길이 어떻게 될지 모르기에 2일 오전의 나고야 답사 일정을 취소하고 무조건 오사카로 돌아가서 대기하기로 했다.

그래서 몇몇은 1일의 밤이 바빴다. 고이데 씨의 조그마한 자동차를 타고 사찰 두 곳을 한 시간 정도 급행으로 돌았다. 그의 부인이 운전을 하고 통역인과 사진가 문진우 선생 등 다섯 명이 밤의 나고야를 누비기 시작했다. 탐방단의 나머지 일행은 이날 밤 원래 예정했던 대로 나고야 지방의 조선통신사 연구자들과 간담회를 열었다. 난데없이 밤에 안내를 하게 된 고이데 씨는 "원래 저녁이 되면 절의 문을 닫는데, 미리 연락을 해놓아 스님들이 우리 일행을 기다리고 있다. 이런 경우는 좀체 없는 특별한 경우"라고 강조했다.

먼저 소가쿠지(崇覺寺)를 갔다. 거리에는 인적이 거의 없었지만 절의 문은 우리를 기다리는 듯 열려 있었다. 이 절은 혼간지(本願寺)의 말사로 일본 전국시대에 연원을 두고 있으며, 현재의 본당은 메이지 5년(1872년)에 건립되었다. 절은 이미 어둠 속에 시커멓게 깃들어 있었고, 다만 절 왼편에 주지가 거처하는 사택의 불빛만 켜져 있었다. 불빛 사이로 묘지의 비석이 보인다.

다다미방의 탁자 위에는 다기와 비스킷이 놓여 있었다. 〈조선통신사 병풍사입도(朝鮮通信使屛風仕立圖)〉라는 이름의 병풍 두 짝이 방에 세워 펼쳐져 있었다. 조선통신사 행렬도이다. 미즈타니 다카시(水谷巍) 주지스님에 따르면 이 그림은 1996년 절의 창고에서 우연히 발견되었다고 한다. 이렇게 뒤늦게 발견된 것은 이 그림이 원래 길이 15m 정도의 두루마리 그림이었는데 겉면에 시커먼 때가 묻은 채로 뭔지도 모르게 창고에 파묻혀 있었기 때문이란다. 하기야 조

〈조선통신사 병풍사입도〉 | 소가쿠지 미즈타니 다카시 주지스님이 조선통신사 행렬도를 설명하고 있다. 이 행렬도는 나고야에 있는 행렬도 세 점 중 하나다.

선통신사의 역사도 메이지 시대 이후 100년 이상을 시커먼 망각의 창고 속에 파묻혀 있었기는 하다. 그러나 지금이라고 많이 달라진 것도 아니며, 더군다나 조선통신사의 역사가 완전히 복원된 것도 아니다.

미즈타니 주지의 말은 이렇다. "오래 보관하기 위해 애초의 두루마리 그림을 병풍으로 재단해 개조했는데, 병풍 크기에 맞춰 잘랐기 때문에 각 면의 크기가 일정하지 않고, 앞뒤의 행렬 순서가 바뀐 부분도 더러 있습니다." 그림은 지금도 선명한 색감을 띠고 있지만 가필을 한 것이다. 하지만 서툰 작가가 작업한 탓에 가필 부분의 묘

〈조선통신사 병풍사입도〉 | 1996년 두루마기 그림으로 발견되었으나 지금은 병풍으로 만들어져 보관 중이다.

사가 서툴다. 병풍 각 짝은 높이 118cm, 폭 285cm이며, 애초의 두루마리 그림은 총 36장으로 나뉘어 각 6폭, 1쌍의 병풍으로 만들어졌다. 행렬도의 등장인물은 조선인 104명, 일본인 216명으로 총 320명이다. 미즈타니 주지는 "이쪽의 빨간색 옷을 입은 사람은 높으신 분으로 보이고, 남자 재주꾼 서너 명이 말 위에서 음악을 연주하는 재미난 장면이 있다"라며 행렬도의 세부를 설명했다.

    조선통신사 일행이 이 절에 머물지는 않았지만 이 일대는 당시 일행이 숙박했던 마을이었다. 정확한 이유는 알 수 없지만 그런 연유로 조선통신사 행렬도가 이 절에서 발견된 것이다. 이 행렬도는 작가의 서명이나 낙관 등이 전혀 없어 제작 년도를 정확히 알 수 없다. 그러나 사절단의 모습과 머리 모양, 복장, 종이 재질 등을 종합적으로 판단할 때 1764년(영조 40년) 제11회 사행 때의 행렬을 그린 것으로 추정된다. 당시의 조선통신사는 10대 쇼군 도쿠가와 이에하루(德川家治)의 세습을 축하하기 위한 사행으로 정사는 조엄, 부사는 이인배, 종사관은 김상익이었다. 1811년(순조 11년) 제12회 사행은 쓰시마까지만 갔기 때문에 1764년의 사행이 나고야를 거쳐간 마지막 사행이었다.

이 행렬도는 나고야에서 발견된 세 번째의 행렬도로서 다른 두 가지 행렬도와는 다른 계열로 알려져 있다. 그중 고쇼지(興正寺)의 조선통신사 행렬도에는 〈한사내빙도(韓使來聘圖)〉라는 이름이 붙어 있는데, 1982년 6월 누키이 마사유키 일본 동해지방조선통신사연구회 대표가 발견한 것이다. 이후 이 행렬도는 조선통신사 행렬을 재현하는 데 참고 자료가 되었다. 누키이 대표의 말을 들어보면 행렬 재현의 역사적 추이에서 한·일 관계의 변화를 짐작할 수 있다. "1618년에 시작된 나고야 도쇼구(東照宮) 제례는 오와리 번의 공인을 받은 것으로 6,000명 이상의 대행렬로 구성되었습니다. 그중에서 자야초(茶屋町)와 야마토초(大和町)가 연행한 '당인행렬(唐人行列)'의 평판이 가장 좋았습니다. 당인행렬은 조선통신사 행렬을 말하지요. 그러나 정한론(征韓論)의 분위기가 일었던 메이지 시대 이후로 도쇼구 제례는 나고야마쓰리(名古屋祭り)로 이름이 바뀌고, 가장 인기 있는 행렬도 노부나가, 히데요시, 이에야스 행렬로 바뀌었습니다." 그러나 〈한사내빙도〉가 발견되고 난 이듬해인 1983년에 누키이 대표와 아이치한국민단 청년부가 중심이 되어 나고야마쓰리에서 조선통신사 행렬을 재현해 갈채를 받았으며, 이후 매년 10월 이 마쓰리에 통신사 행렬을 재현하고 있다.

현재 나고야에는 조선통신사 행렬도로 시천본(市川本)이라는 다른 판본이 더 있다.

소가쿠지에 머문 것은 10분 남짓, 아쉽게도 여유가 없어 정성스레 준비한 차 한 잔을 마시고 일어서야 했다. 주지스님은 행렬도를 담은 36장 묶음의 엽서를 선물로 주었는데, 현장에서 찍은 사진 속의 행렬도와 엽서의 일련번호를 따라 뒤에 맞춰본 행렬도가 서로 다르다. 차례가 뒤섞여 있는 것이다.

6. 묘젠지의 나무

소가쿠지를 나와 자동차로 5분여 이동해간 곳은 나고야 시 나카구(中區) 다치바나초(橘町)에 있는 묘젠지(妙善寺)였다. 고이데 씨에게 "통신사의 나고야 숙소로 널리 알려진 쇼코인(性高院)을 둘러봐야 하지 않느냐"라고 물었으나 그는 "묘젠지가 더 중요하다"라고 했다. 거리에 사람들은 거의 없었고, 가로등 불빛 밑에 묘젠지의 문은 잠겨 있었다. 고이데 씨는 보도블록 위에 새겨진 에도 시대의 문양과 묘젠지의 대문 정중앙에 달려 있는 일곱 개의 원으로 이뤄진 묘젠지의 문양에 대해 짧게 설명해주었다. 그가 휴대전화를 걸어 문이 열린 것은 5분 뒤였다. 나가타 료온(永田亮遠) 주지스님이 우리를 맞아들였다.

　절의 마당에 들어서서야 고이데 씨가 왜 이곳으로 우리를 데리고 오려 했는지 비로소 알게 되었다. 들어서는 입구 오른쪽에 높이가 1.5m 정도 되는 기념 표주(標柱)가 흰 천으로 둘러싸인 채 서 있었다. 우리 탐방단이 오는 것을 기념해 만든 표주이다. 원래 예정대로라면 다음날인 8월 2일에 제막식을 가질 것이었다. 표주 제막식 때는 나고야의 각종 언론사에서 취재를 나오기로 되어 있었다. 그러나 다음날 우리 탐방단의 일정이 취소되었기 때문에 제막식도 없고, 물론 언론사의 취재도 없을 터였다.

　우리는 아쉬워하면서도 우리끼리 약식으로 제막을 했다. 사각의

묘젠지 입구

묘젠지의 기념 표주

나무 기둥 한 면에는 '성신교린 조선통신사 400년 기념(誠信交隣朝鮮通信使四○○年記念)'이라는 문구가 쓰여 있고, 다른 면에는 '2007년 8월 2일'이라는 날짜와 그 밑에 한·일의 두 단체인 '동해지방조선통신사연구회(나고야)', '조선통신사문화사업회방문단(부산)'이 나란히 적혀 있었다. 비록 한갓된 표주일망정 한국과 일본의 '작은 만남'을 기념하는 것이 또한 사람의 '큰일'인 듯싶었다. 아쉬워하는 주지스님을 위로하고 현장의 느낌을 담기 위해 우리는 표주를 가리키고 있는 주지스님을 기념사진에 담았다. 주지스님은 상당히 겸연쩍어하면서도 좋아하는 표정이었다. 사진을 찍는 데 빛이 모자라

자동차 두 대의 전조등을 양쪽에서 비추고서 촬영을 했다. 표주는 쌍조명이 비치는 무대 한가운데서 희게 빛났다.

기념 표주 바로 뒤쪽의 어둠 속에 분재 같은 조그마한 나뭇등걸이 고이 모셔져 있었다. 그 등걸은 푸른 잎사귀를 머리에 달고서 살아 있었다. 나이가 300살이 훨씬 넘은 것이다. 사연은 과연 뭘까?

조선통신사의 행렬은 장관이었고 굉장한 구경거리였다. 임광의 『병자일본일기』의 한 대목을 보자.

> 도로 곳곳에는 구경꾼이 담처럼 둘러서 있었고, 성안에는 거리를 매운 인파가 오사카나 교토(倭京) 등에서와 다름이 없었다. 왜인들의 말에, 이번 사행이 올 적에 원근 서너 고을 사람들이 구경을 하려고 양식을 싸 가지고 와서 기다린 때문에 이와 같이 많다는 것이었다.

그러니까 1682년(숙종 8년) 조선통신사 7회의 사행 때 정사 윤지완, 부사 이언강, 종사관 박경준 등이 왔을 때의 일이다. 당시 오와리 번의 번주 미쓰토모(光友)는 굉장히 호기심이 많았던 모양이다. 그도 조선통신사가 들어오는 장면을 구경하고 싶었지만, 번주의 체면이 있지 여느 사람들처럼 길거리에 나설 수 없는 일이었다. 그런데 묘젠지의 동남쪽 담장 옆에는 아주 큰 녹나무가 한 그루 서 있었다. 미쓰토모는 그 녹나무 밑에 조선통신사 행렬이 지나가는 것을 지켜볼 수 있는 작은 건물을 짓게 하고 거기에 앉아 조선통신사 행렬을 구경했다. 지금 남아 있는 작은 나뭇등걸은 그 녹나무의 흔적인 것이다.

　이러한 이야기를 간직한 원래의 묘젠지는 지금보다 10배 이상 넓었는데, 제2차 세계대전 때 미군의 공습으로 사찰의 많은 부분이 소실되었다고 한다. 대도시 나고야의 도심 속 여느 사찰처럼 묘젠지도 조그마한 사찰로 그 명맥을 잇고 있었다.

　당시의 번주 미쓰토모는 도쿠가와 3대 가문 중 필두였던 오와리 집안 출신이었기에 집안의 위세를 세우려 조선통신사에 대한 대접을 극진히 했다. 조선통신사는 1682년 8월 10일 에도로 가는 길에서 나고야 쇼코인을 숙소로 삼았다. 김지남은 『동사일록』에서 "태수 중납언(中納言) 미쓰토모는 식록이 15만 석인데, 사람을 보내서 문안하고 각각 술과 안주를 삼사(三使)에게 드렸다"라고 적고 있다. 귀국하는 길인 9월 22일에도 미쓰토모의 대접은 소홀하지 않았다. 홍우재는 『동사록』에 "오와리 태수인 중납언 미쓰토모가 은(銀)을 보내어 답례했다. 예는 에도에서 행했는데 회례(回禮)를 이곳에서 한 것은 그가 혼슈(本州)에 있기 때문이다"라고 기록했다.

　조선통신사에 대한 미쓰토모의 옛 관심은 지금 녹나무 한 조각으로 남아 있는데, 오늘 우리는 한·일의 더 많은 만남을 기약하며 녹나무의 조각 앞에 흰 나무 표주를 세웠다. 지금 밤의 표주 옆에는 취재진과 묘젠지 주지스님 부부, 모두 일곱 명밖에 없지만, 앞으로는 더 많은 사람들이 통신사의 사연이 깃든 묘젠지를 기억하리라.

7. 나고야의 통신사 숙박지

나고야에서 조선통신사가 숙박한 곳으로서는 단연 쇼코인(性高院)이 유명하다. 고이데 씨에게 "쇼코인에 가자"라고 거듭 말했건만, 그는 이상하게 딴청이었다. 알고 보니 쇼코인은 이제 없다는 것이다. 갑자기 나고야 밤거리의 어둠이 더 짙어 보였다. 옛 쇼코인이 있던 나고야 시의 중심인 나카 구(中區) 오쓰산초메(大須三丁目) 일대는 우편국을 비롯, 개인회사 건물이 빽빽 들어차 있다는 것이다. 쇼코인은 제2차 세계대전 말, 미군의 공습으로 완전히 소실되었다고 한다. 그 말을 듣는 순간의 허탈함과 안타까움이란 더 말해서 무엇하랴!

이번 답사에서 느낀 것이지만 일본의 많은 중요한 문화재가 제2차 세계대전 때 미군의 폭격으로 소실되었다. 쇼코인처럼 아예 흔적을 찾아볼 수 없는 것도 많고, 일본의 3대 성(城)에 속한다는 나고야 성, 오사카 성처럼 옛 멋을 잃은 채 밋밋한 콘크리트로 복원된 것도 많다. 폭격으로 역사를 부숴버린 행위도 분명한 잘못이고, 폭격을 자초한 오만한 역사는 더더욱 잘못일 것이다. 그 잘못된 역사 속에는 무지막지한 야만의 얼굴이 도사리고 있었을 터인데 '믿음으로 통한다'라는 통신(通信)이야말로 그 야만의 역사를 지우는 희망이 되리라. 옛 쇼코인은 없어졌지만 이제 '새로운 쇼코인'을 만들어가야 한다는 상념이 안타까움을 달랠 뿐이었다.

소실되기 이전의 쇼코인은 부지가 사방 길이 200m, 1만 3,000평으로 지금의 중앙우편국을 중심에 놓고 폭 100m의 와카미야(若宮)

대로를 포함하는 아주 넓은 곳이었다. 신유한이 『해유록』에 "내가 머문 곳은 큰 누각으로 웅숭깊고도 높아서 시가를 굽어볼 수가 있었다"라고 적은 그대로였다. 당시 쇼코인 경내에는 열 개의 말사가 있었으며, 현재 옛터에 남아 있는 도묘인(稻名院)도 그 말사 중 하나였다. 밤이 너무 늦어 굳이 옛 쇼코인의 터를 찾지는 않았다.

쇼코인이 남아 있기는 하다. 나고야 대학 근처 사치가와초(辛川町)에 이름만 남은 쇼코인이 있다. 멀리 옮겨 그 명맥을 유지하고 있는 것이다. 그 절의 입구에 '대웅산 성고원(大雄山性高院)', '송평충길 공 묘소(松平忠吉公墓所)'라고 새긴 두 개의 돌기둥이 있다. 재일 사학자 고 신기수 선생은 저서 『조선통신사의 여일기(朝鮮通信使の旅)』에서 "쇼코인은 도쿠가와 이에야스의 넷째아들 다다요시(忠吉)가 생모의 명복을 빌기 위해 건립한 절이다. 절 이름은 1607년 28세로 일찍 죽은 다다요시의 법명(性高院殿)에서 유래했다"라고 밝히고 있다. '송평충길(松平忠吉:마쓰다이라 다다요시) 공 묘소'라는 글귀가 그 유래를 말하고 있는 것이다.

나고야에서 주된 숙소는 초기 몇 차례 동안은 다이코인(大光院)이었다. 3회(1624년)에서 5회(1643년)까지는 분명히 다이코인으로 기록되어 있다. 1회 때(1607년)의 숙소는 구체적으로 나와 있지 않고, 2회 때(1617년)는 사행이 교토까지 왔다가 국서를 봉행하고 돌아갔기에 나고야까지 오지 않았다. 6회 때(1655년)에도 정확한 숙소 이름이 나오지는 않는다. 그리고 7회 때(1682년) 이후에는 통신사의 주된 숙소는 쇼코인으로 나온다. 그렇다고 쇼코인에 조선통신사 사절단이 모두 머물렀다는 것은 물론 아니다. 수백 명에 이르는 일행은 쇼코인을 중심으로 곳곳에 나눠서 숙박을 했던 것이다.

중심이 되는 쇼코인의 경계가 삼엄한 것은 당연했다. 주변과 대문 밖에는 사졸 28명, 철포대 20명, 궁수 10명, 장창대 10명이 별도의 소방대와 함께 밤새 순시를 돌았고, 절 입구에 초소를 두어 무장병사 19명이 지키게 했다. 정사, 부사, 종사관 삼사(三使)는 당연히 쇼코인에 머물렀으며, 쓰시마 섬의 도주는 쇼코인 바로 옆의 있는 소켄지(惣見寺)에 머물렀다. 다른 이들은 고쿠라쿠지(極樂寺), 햐쿠린지(百林寺), 세슈지(政秀寺), 다이코인 등에서 숙박을 했다.

고이데 씨는 잠시 신호를 받고 서 있는 자동차 안에서 묘젠지 다음 블록 일대를 가리키며 "이곳에도 사찰이 있었는데, 일본 측의 수행원인 쓰시마 사람들이 주로 머물렀던 곳"이라고 설명했다. 고쇼지의 〈한사내빙도〉에는 호위하는 왜인이 100여 명이었고, 소가쿠지 조선통신사 행렬도에는 그 수가 216명에 달했으니 그들이 숙박을 하자면 한 동네를 전부 차지했을 것이다. 우리는 지금 옛날의 그 숙박지 일대를 보고 있는 것이었다.

조선통신사에 대한 대접은 융숭했다. 동해지방조선통신사연구회 관계자들은 "통신사가 막부에 진상하는 매와 말까지도 극진한 대접을 받았을 정도다. 진상하는 매와 말에게도 최고 대우를 했는데, 그 숙소가 삼사의 숙박지와 같은 쇼코인에 있었다"라고 설명했다. 조선통신사에게는 맛있는 음식을 극진하게 대접하기 위해 멀리 미카와 만(三河灣)의 시노지마 섬(篠島)에서 싱싱한 활어를 수송해왔다고 한다. 또 1711년 사행 때는 조선통신사가 나고야에 도착하기 넉달 전에 2,500명의 사람을 풀어 함정을 파서 사슴 열여섯 마리를 잡

앉다는 기록이 있다. 물론 조선통신사를 대접하기 위해서였다. 막부의 명령에 의한 극진한 대접은 이를테면 번과 번주의 운명과 관련이 있었다.

나고야의 호사 문고(蓬左文庫)에는 조선통신사 일행을 대접할 때의 메뉴를 그려놓은 〈조선인어향응 칠오삼선 부도(朝鮮人御饗應七五三膳部圖)〉가 남아 있다고 한다. 선(膳)은 상(床)을 의미한다. 7·5·3선은 에도 시대 최고의 손님을 위해 차린 상으로, 본격적인 식사 대접에 앞서 술 접대를 할 때 의식용 요리, 즉 보이기 위한 간반(看盤)이었다. 에도, 나고야, 오사카, 가마가리(蒲刈), 쓰시마 등 전국 어디에서나 똑같은 상차림이었으나 과일은 계절과 지방에 따라 조금 달랐다고 한다. 어쨌건 그 재료를 수집하기 위한 고생은 대단했을 것이다.

8. 나고야에서의 시문 창화

나고야에서 시문 창화는 자못 활발했다. 일본 에도 시대 나고야의 명소를 소개한 책인 『오와리 명소 그림(尾張名所圖繪)』에는 1764년(영조 40년) 쇼코인에서 시문을 나누는 장면을 그린 그림이 실려 있다. 그림의 왼쪽에는 조선통신사 일행 네 명이 앉아 있고, 그중 두 명이 일본인들이 쓴 글을 꼼꼼히 들여다보고 있다. 그림의 오른쪽에는 일본인 열 명이 앉아서 글을 들여다보고 있는 조선인이 어떤 평을 해줄까 궁금해하며 입맛을 다시고 있다. 거기에는 당시 오

시문 창화의 광경

와리 번의 접대역이자 유학자인 마쓰다이라 군잔(松平君山)이 있었다. 그는 그 그림에 다음과 같은 제문을 써놓았다.

> 갑신년 봄에 조선국 신사(信使)가 쇼코인에 유숙했다. 나는 번의 명령을 받아 영빈관으로 나아갔다. 제술관 남추월(南秋月, 이름은 玉)과 세 서기관 등과 창화(唱和)했다. 나의 아들 가쿠잔(霍山)과 손자 하쿠호우(伯邦)를 동반했던 바, 추월은 3대가 동석하여 시를 서로 창화하는 것은 희대의 진기한 일이라 했다. 아아, 이 말이야말로 불후의 명예라고 생각하지 않을 수 없다.

군잔은 감격스러운 이 자리를 기념하기 위해 이후 『삼세창화집

(三世昌和集)』을 내기도 했다. 시문 창화를 나눈 3대의 글을 묶은 문집이다.

　1719년(숙종 45년)의 신유한은 글을 얻기 위해 모여든 나고야 사람들의 모습을 아주 구체적으로 기록하고 있다. 같은 해 10월 25일, 에도에 갔다가 돌아오는 길에 다시 나고야에 들렀을 때 "시를 얻으러, 또 말을 들으러 먼 곳에서 사람들이 줄줄이 모여들고 있었다"라면서 당시 모습을 손에 잡힐 듯이 적고 있다. 신유한은 밤을 새워 새벽까지 입술이 타들어가면서 글을 썼다는데, 그야말로 대단한 호응이었다.

> 　그중에는 혹 내가 전날에 써준 시로 채색 병풍을 꾸며가지고 와서 낙관을 찍어달라는 자도 있었고, 혹 문집(文集)이나 시고(詩稿)를 가지고 와서 평론과 수정을 요구하는 자도 있었다. 동자가 먹 갈기에 지쳐 왜인에게 대신 갈게 했다. 종이는 구름같이 쌓였고 붓을 수풀처럼 세워놓았지만 잠시 뒤 다 떨어져서 다시 들이곤 하였다. 나는 가끔 목이 말라 귤을 까서 목을 축였다. 고시와 근체시를 내 운으로 혹은 남의 운으로 짓는데, 초 잡은 것마저 하나도 남기지 않고 집어갔으니 나 자신도 시를 얼마나 썼는지 알 수가 없었다. …… 닭이 세 홰나 울 때까지 군중은 갈 생각을 하지 않았다.

　8차 통신사가 갔던 1711년(숙종 37년)의 상황도 거의 마찬가지였다. 그해 통신사가 왔을 때의 상황을 자세히 적은 기록으로 오와리 번의 하급무사인 38세의 시게아키(重章)가 쓴 일기인 『오무로 일기(鸚鵡籠中記)』가 있다. 시게아키는 "사절은 일본인 방문객을 위해 한숨도 자지 못하고 응대해 휘호를 써주었다. 그 근기(根氣)가 칭찬받아 마땅하다"라고 감탄했다. 시게아키도 서화를 받았는데, 통신사가 에도로 가는 길에는 화원 박동진(朴東晋)에게서 그림을, 사자관(寫字官) 이이방(李爾芳)에게서는 글을 받았다. 이이방은 7차 통신사 때의 사자관 이삼양(李三揚)의 아들로 부자가 통신사로 일본에 갔다. 통신사가 조선으로 돌아가는 길에도 시게아키는 통신사 숙소를 얼쩡거리다가 들켜 경고를 받았지만 새벽에 몰래 들어가 사절 일행에게서 그림 넉 장을 받는 데 기어코 성공했다는 이야기를 감격스러워하며 흥미진진하게 일기에 써놓았다.

시문을 받고 좋아하는 일본의 학문 수준이 과연 낮았던 것일까? 그렇지 않다. 신유한은 『해유록』에 부록으로 실은 「문견잡록(聞見雜錄)」에서 "일본인은 시를 지으라면 평측(平仄)도 많이 틀려 우리나라 삼척동자라도 웃지 않을 수 없고, 잡문을 지으라면 눈먼 뱀이 갈밭으로 달아나듯 갈팡질팡하여 문장과 기세가 하나도 볼 것이 없다"라고 적어놓았다. 그러나 그것만이 전부는 아니다. 좀 더 면밀히 파고들면 또 다른 면모를 볼 수 있다. 조선이 조선이듯이 일본도 일본이다. 나름의 무엇인가를 갖추고 있다는 것이다.

> 그들은 대개 총명하고 민첩하여 필담을 해보면 짧은 글은 얼른 응대하는데, 혹 기이하고 아름다운 말을 잘 쓴다. …… 고금의 서적과 백가의 문집으로 서점에 간행되고 있는 것이 우리나라보다

성황을 이루고 있다. 그들은 이렇듯 글을 좋아할 뿐 아니라 천품이 총명·민첩한 데다가 이른바 과거제도에서 오는 표절의 해악이 없어서 공부가 성실하며 연구가 심오하다.

이 점을 알아야 하지 싶다. 조선통신사에 대한 이해는 이런 인식의 토대 위에 서야 한다. 신유한이 나고야에서 만난 유학자 두 사람이 있다. 기노시다 란사이(木下蘭皐 혹은 木實聞)와 아사히나 겐슈(朝比奈玄洲 혹은 朝文淵)이다. 둘은 중국말을 할 줄 알았으며 시가 능한 이름난 문인이었다. 17세기 에도를 중심으로 일본의 유학이 발전하기 시작했다. 에도 유학을 탄생시킨 한 사람으로 후지와라 세이카(藤原惺窩, 1561~1619)가 있었다. 이 후지와라 문하의 사천왕(藤門四天王)으로 불리는 수제자 네 명이 있었는데, 하야시 라잔(林羅山), 마쓰나카 세키코(松永尺五), 기이 번의 유관(儒官) 나와 가쓰쇼(那波活所)와 더불어 오와리 번의 유관 호리 교우안(堀杏菴)이 에도 유학을 꽃피웠다고 한다. 신유한이 만났던 오와리 번의 두 학자는 아마도 호리 교우안의 학맥을 잇는 이들이지 싶다. 요컨대 나고야 지역의 유학은 일본에서 선두를 다투며 성했다고 하겠다.

9. 조선통신사의 미래

나고야에는 '호사 문고'라는 곳이 있다. 도요토미 히데요시는 7년 전쟁 때 조선에서 책과 활자를 많이 반출해갔다. 그 많은 책이 히데요시 사후 도쿠가와 이에야스에게 넘어가 시즈오카(靜岡)의 '스루가 문고(駿河文庫)'가 된다. 이에야스를 이은 2대 쇼군 히데타다(德川秀忠)는 스루가 문고의 책을 3대 가문인 오와리 번, 기이 번, 미토 번의 동생들에게 나눠주었는데, 다른 두 곳의 책은 흩어졌고 오와리 번의 것만 거의 그대로 남아 오늘날의 호사 문고의 기초가 되었다고 한다. 『고려사절요』 초간본, 한국에도 없는 『악학궤범』, 『삼국유사』의 최고(最古) 활자본 등 1,391권의 조선 책이 있다고 한다. 우리는 나고야에서 그것을 볼 수 없었지만, 대신 현지의 사람들과 어울리는 소중한 시간을 가질 수 있었다.

나고야의 조선통신사 유적을 한 시간 정도 돌아보고 탐방단과 합류했다. 마지막 밤의 행사가 시내의 한 식당에서 열리고 있었다. 거기에는 동해지방조선통신사연구회, 나고야 한국학교, 재일조선사회연구자협회 동해지부의 사람 예닐곱이 나와 있었다. 그들 중에는 일본인도 있었고 재일교포도 있었다. 재일교포 중에는 국적을 한국으로 유지하는 이도 있었고, 일본으로 바꾼 이도 있었다. 일본으로 바꾼 이는 "일본에서 한국 국적으로 살기 힘들었다"라고 했다. 국적을 바꾸고 안 바꾸고 간에 그들은 다 같이 「흙에 살리라」, 「울고 넘는 박달재」, 「돌아와요 부산항에」 따위 한국의 흘러간 옛 노래를 구슬프고도 흥겹게 불렀다. 탐방단도 박수를 치며 노래를 들었다. 그렇게 어울리는 것이었다.

우리는 300년 전 조선과 일본의 성신교린에 힘썼던 아메노모리 호슈를 알고 있다. 아메노모리 호슈의 대척점에 아라이 하쿠세키(新井白石)가 있었다. 하쿠세키는 1711년 이른바 빙례(聘禮) 개혁을 통해 쇼군을 일본 국왕으로 부르라고 무리하게 요구하고 조선통신 사에 대한 대접도 낮추어 양국의 갈등을 빚었다. 둘 다 교토 경학 파 기노시타 준안(木下順庵)의 제자인 이들은 이 일을 두고 서로를 비판했다. 하쿠세키는 호슈에게 "쓰시마에 있는 우둔한 학자"라고 막말을 했고, 호슈는 하쿠세키를 "포악한 선비"라고 격렬하게 비판 했다. 비유하자면 호슈는 우리에게 달고(甘) 하쿠세키는 쓰다(苦). 하지만 달면 삼키고 쓰면 뱉을 수만은 없는 일이다. 달고 쓴 것을 동시에 포괄할 수 있는 길, 그 길이 한국과 일본의, 일본과 한국의 '믿음으로 통하는 길'이 될 것이다.

그날 나고야의 마지막 만찬 자리에서 한 재일교포는 "일본 교과 서에 호슈는 약간만 언급되어 있을 뿐이지만 하쿠세키는 아주 크 게 언급되어 있다"라고 했다. 일본사의 맥락에서 하쿠세키는 나라 의 근간을 세운 아주 중요한 인물이라는 것이다. 그런 일본사의 인 식도 함께 아우를 수 있을 때 한국만의 조선통신사가 아닌 쌍방향 으로 통행하는 한·일 양국의 조선통신사가 새롭게 자리 매김할 수 있을 것이다.

간담회 자리는 점점 흥이 오르고 있었다. 만나야 하는 것이다. 가 야 하는 것이다. 일본에는 현재 조선통신사 행렬을 그린 그림이 많 이 남아 있다. 그 그림 속에서 조선통신사들이 가고 있다. 무서운 파도가 일렁이는 바닷길을 넘어, 임진왜란 때 끌려간 이들의 원혼 이 서린 교토의 귀무덤을 지나, 드넓고 시원한 명승 비와 호를 비 켜서, 보기 드문 장관의 배다리를 건너, 길고 긴 몇백 명의 행렬을 늘어뜨리고서 그들이 가고 있다. 그 길은 당시 조선 사람들이 가야 했던 가장 먼 길이었다. 그 먼 길을 갔던 것처럼 오늘의 우리에게도 멀고 먼 길이 과제로 남아 있다.

나고야의 밤이 깊어가고 있었다.

이 책에 나오는 **탐방지**

오사카

오사카 역사박물관 大阪歷史博物館

- 내용 고대부터 현대에 이르기까지 중요한 역할을 해온 '도시' 오사카에 초점을 맞춰 오사카의 역사와 문화를 소개하는 박물관이다.
- 교통안내 신오사카 역(新大阪駅)에서 전철로 약 30분〔지하철 미도스지선 혼마치 역(本町駅)에서 중앙선으로 갈아탐〕
- 주소 大阪市中央区大手前4-1-32
  ☎ 06-6946-5728
- 개관시간 9:30~17:00 (휴관일: 매주 화요일, 연말연시)
- 입장료 유료

니시혼간지 쓰무라 별원 西本願寺津村別院

- **내용** 일본에서 가장 큰 불교 종파인 정토신앙의 본산지로서 모모야마 시대(挑山時代)의 화려한 건축양식이 특색이다.
- **교통안내** 지하철 중앙선 혼마치 역(本町駅) 2번 출구
- **주소** 大阪市中央区本町4丁目 / ☎ 06-6261-6796
- **개관시간** 5:30~18:00 (휴관일: 매주 월요일, 연말연시, 국경일 다음날)
- **입장료** 무료

지쿠린지 竹林寺

- **내용** 1649년에 고우사이쇼운(香西誓雲)이 세운 절로서 1764년 방일한 통신사의 일행이었던 김한중의 묘가 있으며, 최천종의 공양도 행해지고 있다.

- **교통안내** 지하철 구조 역(九駅)에서 도보 10분
- **주소** 大阪市西区本田1-9-3 / ☎ 06-6581-6943
- **개관시간** 7:00~18:00 (휴관일: 연중무휴)
- **입장료** 무료

교토

기요미즈테라 清水寺

- **내용** 오도와야마 산에서 내려오는 물이 맑아서 기요미즈테라라는 이름이 붙여진 이 절은 본당 앞무대가 절벽에 걸쳐 있으며, 139개의 기둥이 이 무대를 지탱하고 있다. 화재로 소실되었다가 1633년에 재건되었으며, 세계문화유산으로 등록되어 있다.
- **교통안내** JR교토 역 중앙출구에서 100·206번 버스를 타고 기요미즈미치(清水道)에서 하차 후 도보 10분
- **주소** 京都府京都市東山区清水1-294 / ☎ 075-551-1234
- **개관시간** 6:00~18:00 (휴관일: 매주 월요일)
- **입장료** 유료

고려미술관 高麗美術館

- **내용** 고 정조문 씨에게 고려시대와 조선시대를 중심으로 미술공예품 및 전시시설 등을 기증받아서 1988년 10월 25일에 개관한 미술관이다.
- **교통안내** JR교토 역에서 시내버스로 약 40분

- **주소** 京都府京都市北区紫竹上岸町15番地
- ☎ 075-491-1192
- **개관시간** 10:00~17:00
  (휴관일: 매주 월요일)
- **입장료** 유료

쇼코쿠지 相國寺

- **내용** 무로마치 막부의 제3대 장군 아시카가 요시마사(足利義政)가 고코마쓰(後小松) 천황의 칙명을 받아 1392년에 완성한 임제종 사찰로서 쇼코쿠지 닷추 지쇼인(相國寺塔頭慈照院)에는 통신사 유물이 소장되어 있다.
- **교통안내** 교토시영지하철 이마데가와 역(今出川駅) 1번 출구에서 도보 7분
- **주소** 京都市上京区今出川通烏丸東入 / ☎ 075-231-0301
- **개관시간** 10:00~16:00
  (휴관일: 연중무휴)
- **입장료** 유료

오미하치만

니시혼간지 하치만 별원 西本願寺八幡別院

- **내용** 세키가하라 전투에서 승리를 거둔 이에야스가 교토로 입성했을 당시 머물렀던 숙소로 조선통신사의 휴식 장소와 식사 장소로도 이용되었다.
- **교통안내** JR비와코선 오미하치만 역에 하차하여 도보 15분

- **주소** 滋賀県近江八幡市北元町 39-1 / ☎ 0748-33-2466
- **개관시간** 8:50~16:00
  (휴관일 : 매주 토·일요일)
- **입장료** 무료

오미하치만 시립자료관 近江八幡市立資料館

- **내용** 오미 지역의 역사 자료와 조선통신사 접대 상차림, 각종 조선통신사 인형 등을 전시하고 있다.
- **교통안내**: JR비와코선 오미하치만 역에 하차하여 도보 20분
- **주소** 滋賀県近江八幡市新町2-22 / ☎ 0748-32-7048
- **개관시간** 9:00~16:30
  (휴관일: 매주 월요일, 연말연시, 국경일 다음날)
- **입장료** 유료

히코네

히코네성 彦根城

- **내용** 히코네 번 이이(井伊) 가의 거성(居城)이며, 독특한 미를 자랑하는 천수각(天守閣)으로 유명하다. 국보로 지정된 일본 4대 성(城) 중 하나이다.
- **교통안내** JR비와코선 히코네 역에서 북서쪽으로 도보 15분

- **주소** 滋賀県彦根市金亀町1-1
  ☎ 0749-22-2742
- **개관시간** 8:30~17:00
  (휴관일: 연중무휴)
- **입장료** 유료

소안지 宗安寺

- **내용** 히코네의 번주였던 이이 나오마사(井伊直政)의 부인의 보제사(菩提寺). 조선통신사의 숙박지였으며 〈조선고관상(朝鮮高官像)〉 그림이 소장되어 있다.
- **교통안내** JR비와코선 히코네 역에서 하차하여 도보 20분
- **주소** 滋賀県彦根市本町2-3-7 / ☎ 0749-22-0801
- **개관시간** 9:00~17:00 (휴관일: 매주 토·일요일, 연말연시)
- **입장료** 무료

다카쓰키초

아메노모리 호슈암 雨森芳州庵

- **내용** 아메노모리 호슈의 생애와 업적을 소개한 곳이다.
- **교통안내** JR호쿠리쿠혼선 다카쓰키 역 하차하여 도보 25분

- **주소** 滋賀県伊香郡高月町雨森1166番地 / ☎ 0749-85-5095
- **개관시간** 9:00~16:00 (휴관일: 매주 화요일, 연말연시, 국경일 다음날)
- **입장료** 유료

오가키

오가키 시 향토관 大垣市鄕土館

- **내용** 오가키 번주 도다(戶田)의 유품을 비롯, 오가키 선현들의 작품을 전시해놓았다.
- **교통안내** JR오가키 역 미나미구치(南口)에서 도보 8분
- **주소** 大垣市丸の內2-4
  ☎ 0584-75-1231

- **개관시간** 9:00~17:00 (휴관일: 매주 화요일, 연말연시, 국경일 다음날)
- **입장료** 유료

오가키 성 大垣城

- **내용** 1535년 축성되었으며, 세키가하라 전투에서 서군의 본거지였던 성이다.
- **교통안내** JR오가키 역 미나미구치(南口)에서 도보 7분
- **주소** 大垣市郭町2-52
  ☎ 0584-74-7875

- **개관시간** 9:00~17:00 (휴관일: 매주 화요일, 연말연시, 국경일 다음날)
- **입장료** 유료

나고야

쇼코인 性高院

- **내용** 도쿠가와 이에야스의 넷째아들 마쓰다이라 다다요시(松平忠吉)의 명복을 빌기 위해 1610년 건립된 절로서 조선통신사 삼사의 숙박지이기도 하다.
- **교통안내** 혼야마 역(本山駅)에서 버스로 요쓰야산초메(四ッ谷通三丁目) 하차
- **주소** 愛知県名古屋市千種区幸川町3-6 ☎ 052-781-1397
- **개관시간** 8:00~17:00 (휴관일: 연중무휴)
- **입장료** 무료

소가쿠지 崇覺寺

- **내용** 조선통신사 일행의 숙박지로서 조선통신사 병풍을 소장하고 있다.
- **교통안내** 지하철 메이조선(名城線) 히가시베쓰인 역(東別院駅)에서 하차하여 4번 출구

- **주소** 愛知県名古屋市中区橘 2-6-37 / ☎ 052-332-5820
- **개관시간** 8:00~17:00 (휴관일: 연중무휴)
- **입장료** 무료

책을 펴는 데 힘 쏟은 사람들

필자　강남주(조선통신사문화사업회 집행위원장, 문학박사)
　　　　김문식(단국대학교 사학과 교수)
　　　　주진태(조선통신사문화사업회 사무국장)
　　　　최화수(국제신문 논설고문, 동아대학교 초빙교수)
　　　　한태문(부산대학교 국어국문학과 교수, 조선통신사학회 총무이사)
　　　　최학림(부산일보 라이프 팀장)

기획총괄　주진태(조선통신사문화사업회 사무국장)
사진촬영　문진우(사진작가)
탐장진행　송수경(조선통신사문화사업회 대리)
　　　　　　이소미(조선통신사문화사업회 홍보담당)

조선통신사 옛길을 따라서 2

ⓒ 부산문화재단, 2014
www.tongsinsa.com

엮은이_ 부산문화재단
펴낸이_ 김종수
펴낸곳_ 도서출판 한울

초판 1쇄 발행_ 2008년 1월 15일
초판 2쇄 발행_ 2014년 4월 30일

주소_ 413-756 경기도 파주시 광인사길 153 한울시소빌딩 3층
전화_ 031-955-0655
팩스_ 031-955-0656
등록번호_ 제406-2003-000051호

Printed in Korea.
ISBN 978-89-460-4862-1 03910

* 책값은 겉표지에 표시되어 있습니다.